"中国劳模"系列丛书

高速动车组"全科医生"：
罗昭强

易　玲 / 著

吉林出版集团股份有限公司
全国百佳图书出版单位

图书在版编目（ＣＩＰ）数据

高速动车组"全科医生"：罗昭强 / 易玲著. --
长春：吉林出版集团股份有限公司，2023.4
（"中国劳模"系列丛书）
ISBN 978-7-5731-3093-8

Ⅰ. ①高… Ⅱ. ①易… Ⅲ. ①罗昭强–传记 Ⅳ.
①K826.16

中国国家版本馆CIP数据核字（2023）第039595号

GAOSU DONGCHEZU "QUANKE YISHENG"：LUO ZHAOQIANG

高速动车组"全科医生"：罗昭强

著　　者	易　玲
组稿统筹	东北师范大学文学院创意写作研究中心
撰写指导	余　弓
责任编辑	王丽媛　王　斌
装帧设计	刘美丽

出　　版	吉林出版集团股份有限公司
发　　行	吉林出版集团社科图书有限公司
地　　址	吉林省长春市南关区福祉大路5788号　邮编：130118
印　　刷	唐山富达印务有限公司
电　　话	0431-81629711（总编办）
抖 音 号	吉林出版集团社科图书有限公司　37009026326

开　　本	710 mm×1000 mm　1 / 16
印　　张	8.75
字　　数	80 千字
版　　次	2023 年 4 月第 1 版
印　　次	2023 年 4 月第 1 次印刷

书　　号	ISBN 978-7-5731-3093-8
定　　价	45.00 元

如有印装质量问题，请与市场营销中心联系调换。0431-81629729

序言

　　劳动创造财富，劳动创造幸福，劳动创造未来。习近平总书记在2020年全国劳动模范和先进工作者表彰大会上的讲话中指出："全社会要崇尚劳动、见贤思齐，加大对劳动模范和先进工作者的宣传力度，讲好劳模故事、讲好劳动故事、讲好工匠故事，弘扬劳动最光荣、劳动最崇高、劳动最伟大、劳动最美丽的社会风尚。"当今世界，综合国力的竞争归根到底是科技人才和高素质劳动者的竞争。改革开放以来，我们强大的工人队伍用辛勤劳动和拼搏奉献推动中国制造、中国智造、中国创造走向世界的前列，新时代的中国面貌日新月异。大力弘扬劳模精神、劳动精神、工匠精神，加强高素质技能人才队伍建设，打造一支宏大的知识型、技能型、创新型劳动者队伍是伟大时代赋予我们的历史责任。

　　劳动模范是民族的精英、人民的楷模，是共和国的功臣。自改革开放以来，广大职工勇立改革潮头，独立自主，奋发图强，勇于创新，其中涌现出一批批全国劳模和大国工匠，他们参与建设了代表中国高度、中国速度、中国深度的一系列重大工程，提升了国家实力，打造了"中国名片"，树立了"中国品牌"，增添了"中国力量"，充分释放出工人阶级的创新活力，展示出大国工匠强大的创造能力。他们以工人阶级的满腔热忱在各自平凡的工作岗位上创造了辉煌的业绩，书写了新时代的壮丽篇章。

爱岗敬业、争创一流、艰苦奋斗、勇于创新、淡泊名利、甘于奉献的劳模精神，崇尚劳动、热爱劳动、辛勤劳动、诚实劳动的劳动精神和执着专注、精益求精、一丝不苟、追求卓越的工匠精神，是广大劳动群众在社会生产实践中锤炼形成的弥足珍贵的精神财富，是工人阶级伟大品格的具体体现，是民族精神和时代精神的生动体现。民族复兴需要劳动模范，祖国强盛需要大国工匠，中国制造、中国智造、中国创造更需要大国工匠的强有力支撑。劳模、工匠等的成长故事、先进事迹中承载的劳模精神、劳动精神和工匠精神，是激励全国各族人民团结奋斗、勇往直前的强大精神力量。

"中国劳模"系列丛书，采用图文结合的方式，讲述全国劳模、大国工匠和先进工作者的成长经历及他们追梦、筑梦、圆梦的故事，用他们在平凡岗位上创造不平凡业绩的真实故事感染读者，形成劳动最光荣、劳动最崇高、劳动最伟大、劳动最美丽的社会风尚，引导广大技术工人和青少年形成劳动光荣、技能宝贵、创造伟大的观念。

"匠心筑梦，强国有我。"新时代是万象更新、生机勃勃的时代，也是一个继往开来、创新创业和建功立业的大时代。希望广大读者能以劳动模范为楷模，以大国工匠为榜样，立志技能报国、技术强国，踔厉奋发，勇毅前行，锤炼思想品格，汲取劳动智慧，勇于担当、勤于钻研、甘于奉献，为推进新型工业化和乡村振兴，加快建设制造强国、质量强国、航天强国、交通强国、网络强国、数字中国、农业强国，为全面建设社会主义现代化国家贡献青春力量。

中华全国总工会副主席（兼）

中国航天科技集团有限公司第一研究院

211厂14车间高凤林班组组长

2022年11月

传主简介

罗昭强，1972年12月生，吉林长春人。1990年进入长春客车厂（中车长春轨道客车股份有限公司的前身）维修电工组工作，2015年被调到高速动车组制造中心，现为中车长春轨道客车股份有限公司（以下简称"中车长客"）高速动车组制造中心首席操作师。曾获得全国优秀共产党员、全国劳动模范、中华技能大奖、全国技术能手等荣誉。主持的科研项目获国家科技进步二等奖，享受国务院政府特殊津贴。

2005年，他在中国北车职工岗位技能大赛上一举夺魁，跻身"国宝级"技工行列；2010年，他成立"罗昭强劳模和工匠人才创新工作室"，广收徒弟，因材施教，为国家培养了大批高铁人才；2011

年，他主持研制出了"CRH3型动车组调试操作技能实训装置"，于2013年获中国北车科技创新最高奖项——科技成果奖，他是第一位获得该奖的技能工人；2015年，他主动转岗到高速动车组，成为中国中车首席科学家、中车长客副总工程师常振臣博士唯一的工人弟子，开创了公司高技能人才与高学历人才结对攻关的先河；2016年，他研发了应用列车实时以太网技术的"中国标准动车组半实物仿真模拟系统"，大大提高了整个车辆信息的传输速度；2018年，他研制出的"美国波士顿地铁模拟调试装置"，开创了中国工人的发明创造登陆发达国家市场的先河；2019年，他的创新项目"高速列车整车调试环境模拟技术及应用"，荣获"国家科技进步奖"二等奖，他被誉为"工人院士"。

在一线技术岗位工作的三十余年中，罗昭强刻苦自学，勤于钻研，勇于创新，从维修电工组的一名普通工人，逐渐成长为中车长客四千多台（套）高精尖设备的"全科医生"，成为首屈一指的"高铁调试大师"和"国家技能大师工作室"的领衔者。

目 录

CONTENTS

第一章　理想萌芽

罗昭强是长春客车厂子弟，从小在身为长客工程师的父亲的引领与熏陶下，对工业世界的神奇充满赞叹和向往，理想自此萌芽。厂区光荣榜上父亲的照片让他感到骄傲，他立志长大后也要为中国的工业发展贡献自己的才智与力量。小学起他便对电的世界有着强烈的好奇心，痴迷于电工实验；初中时他兴趣广泛，有着极强的动手动脑能力；他在车辆技工学校电工专业打下了扎实的基础，并且遇到了他早期的人生榜样——刘承民老师。

长客子弟

1972年12月，东北长春，天寒地冻，鹅毛大雪在这片工厂林立、蒸汽腾腾的黑土地上肆意飘洒。在长春客车厂职工医院里，一个小男孩出生了，父亲给他取名罗昭强。昭，昭明、显著也；强，坚强、强大也。这个名字，饱含着父亲对他的无限期许。

新中国成立后，党和国家对铁路运输事业的发展非常重视，责成第一机械工业部规划建立新中国专业化铁路车辆工厂。1954年7月，长春客车厂受命筹建，是新中国"一五"计划期间的156个重点建设项目之一。1959年，新中国第一辆铁路客车在这里诞生；1969年，新中国第一辆地下铁道电动客车在这里下线；1972年，长春客车厂向朝鲜援助出口112辆不锈钢地铁客车，开辟了长客出口车辆的历史……一项项骄人的成就，奠定了长客在中国铁路史上的特殊地位。长春客车厂，是新中国地铁客车和城轨客车的摇篮，是长春市一张闪亮的"城市名片"。

罗昭强出生的时候，正是长客的鼎盛期。他的父亲是长客的工程师，母亲是厂商店的营业员。当时长客效益好，工人地位高，作为长客的"厂二代"，罗昭强无疑是幸运的，甚至可以说是骄傲的。

计划经济时期的国有大工厂，一般都有自己的托儿所、学校、医院、商店、食堂、浴池、职工宿舍等，一个厂就是一个配套完整的社区，厂里的孩子从出生直到参加工作的生活需求基本都能得到解决。罗昭强从小就生活在长客的厂区大院里，长客就是他的家，他对长客的感情是与生俱来的。

每逢休息日，父亲会带着罗昭强去厂里的浴池洗澡。浴池里很热闹，雾气袅袅，人影幢幢，看到熟悉的同事，父亲会与之打招呼，聊聊家里的事情，聊聊厂里的事情。罗昭强小小的耳朵里，自然就听进去不少的工业名词。

从浴池出来，父亲有时会领着罗昭强到他负责的样板室参观。对罗昭强来说，那是一个无比神奇的世界。样板室里陈列着各种奇形怪状的样板，让他大开眼界。父亲告诉他，这些样板都是制造火车零部件时要用到的，只有严格按照样板加工，把零部件变成跟样板一模一样的形状，才能安装到火车上，造出在中国大地上甚至在外国大地上穿山越岭的火车。父亲还告诉罗昭强，这些样板有好多都是他设计出来的。

父亲是造火车的工程师，这让罗昭强觉得很兴奋，也很自豪。在这间样板室里，他第一次感受到了工业的神奇、工人的伟大，他由衷地佩服父亲的动脑动手能力。

长客厂大门口有一块很大的宣传展示板，上面会定期张贴劳动模范、先进工作者的照片。罗昭强那时还小，看不懂他们都做了什么、有何贡献，只是看到每张照片上的人都戴着大红花，笑容灿烂，很带劲，很光荣。有一次他还在上面发现了父亲的照片，一起玩的小伙伴都很羡慕。他对父亲的敬佩又多了几分。

大概就是从那时起，罗昭强已经在心里立下了自己的志向：要以父亲为榜样，长大也上光荣榜，也为中国的工业发展贡献自己的才智与力量。

小学触"电"

1979年，罗昭强上了小学，学校名叫长春客车厂子弟一小。顾名思义，这是一所子弟学校，学校离家很近，办学条件也比一般学校要好，教学楼是楼房，有暖气和自来水。在那个年代，上学不用长途跋涉，不用挨冻吃苦，不用带柴火生炉子，是多么难得啊。长客给子弟们创造了优越的上学条件，带给罗昭强的不只有幸福感，还有归属感。

罗昭强不是所谓的"学霸"，他的学习成绩一般，处于中游。他是那种不让老师注意也不让老师操心的学生。他的兴趣爱好不都在课本上，多半在课本之外。也许是因为父亲的遗传，也许是因为父亲的启蒙，他自小就爱动脑动手，喜欢科学，喜欢实践，经常组织小伙伴一起做小实验。比如用酒精浸泡秋海棠的叶子，萃取里面的汁液，做成酸碱指示剂；比如用醋泡鸡蛋，看蛋壳会不会变软。

罗昭强最喜欢甚至痴迷的，还是关于电的实验。电，多么神奇啊，我们的眼睛看不见它，但在我们的生活中它无处不在。电，能传送声音，带动机器，带来光明，总之，电能帮我们做很多很多事。富兰克林与儿子在雷雨中放风筝，将空中的闪电吸引过来的实验；爱迪生经历无数次失败，终于成功发明电灯的故事……罗昭强都是熟知的。为了弄明白家里的各种电器都是怎么工作的，他试过自己修台灯、修手电筒等简单的小电器。他更感到好奇的是马达为什么能转。家里没有马达，他看中了市场上一个小马达，想买来做实验，研究它的原理。零花钱不够，他就攒钱。一分、五分的硬币，他一枚一枚地攒，终于攒够钱买了回来。他没有独享这份来之不易的快乐，而是叫上同学一起捣鼓、琢磨，发现马达接上两根线，带个开关，就能转，看着很神奇，弄明白了其实很简单。实践出真知，他想探索更多。

罗昭强强烈的好奇心、执着的钻研精神，他对电的热情，他的号召力与凝聚力，从小学起就初步显现。

初中"散养"

罗昭强很幸运，出生在工厂大院，从小对工业生产耳濡目染，父亲是他最初的人生榜样；罗昭强也很幸福，父母都思想开明，对他坚持"散养"，不强求他的学习成绩，也不限制他的探索兴趣，让他在宽松自由的环境中成长。

1984年9月，罗昭强进入长春客车厂子弟中学，他的兴趣爱好更广泛了，并且他脑子活，敢想敢做，有用不完的精力。他喜欢物理、化学、生物、历史等学科。由于读的还是长客的子弟学校，条件和氛围都很好，有各种各样的兴趣小组，他爱动脑动手的天性得到了极大的释放。他参加了学校里的生物小组、历史小组、天文小组等兴趣小组，放学后和同学们一起做各种实验，观察星座，看流星雨，兴致勃勃，乐在其中。他还集邮、篆刻，自己用显影剂冲洗照片，甚至按照《中国少年报》上介绍的做法，自己做过简单的显微镜。

那个年代，有创造力的孩子，想要的玩具都自己做，困惑的知识都自己求解。罗昭强觉得，自己动脑动手很有满足感，自己探索掌握知识很有成就感。偶尔他也做一些小玩意儿小发明，遇到自己解决不了的难题就去问父亲，父亲总会耐心地予以指导。

⊙ 1988年，罗昭强在大连机车车辆厂技工学校实习

父亲也许想不到，儿子日后会在工业产品研发与制造这条路上走这么远，攀这么高。

中考时，罗昭强的物理和化学都取得了满分的好成绩。可能因为兴趣广泛、知识广博，他又经常带领同学们一起做实验，锻炼了他的表达能力和组织能力，他的作文也很好。这些都是他日后能成立工作室，广收徒弟，编写教材，把自己的创新经验著书传授的基础。

技校优等生

1987年，初中毕业后，罗昭强本可以读高中，但更喜欢在动手实践中求知的他觉得，上技校学一门自己热爱的技术，早点儿从事技术类工作更适合自己。

因为罗昭强是长春客车厂的子弟，要学技术还是想学与车辆有关的，父亲就让他报考了大连机车车辆厂技工学校。这所技校成立于1946年，是铁道部机车车辆工业总公司和铁道部大连机车车辆厂分级分工管理的一所企业办技工学校，当时在全国的技校里是鼎鼎有名的，相当于现在综合性大学里的"985""211"，培养了大量技术工人。维修电工专业是该技校的优势专业之一，录取分数也比较高。罗昭强幸运地被录取到了维修电工专业，这也是他最喜欢的专业。

兴趣是最好的老师。在技校，罗昭强如鱼得水，认真求学，学业成绩优异。有一次老师提问热继电器的工作原理，一个同学答"不知道"，另一个同学还是答"不知道"。对于这些回答不上来的，老师就让他们都站着。全班共二十人，十九个被罚站，最后老师把目光投向罗昭强，满怀期待地叫他回答。他果然没有让老师失望，回答得非常完美。所以那一整节课，全班就他一个人坐着听课。那位老师叫刘承民，现在已经八十多岁了。时隔多年，刘老师依然记得罗昭强这名学生。同学们也都还记得那一堂课，聚会时总会津津乐道，爆发出一阵欢畅的笑声。

大连机车车辆厂技工学校治学风格严谨，理论与实践并重，老师们的课都讲得很好，对学生的要求也很高。特别是刘承民老师，虽然平时对学生十分和蔼，但考试的时候要求特别严格，因而经他调教的学生，学业底子都打得很扎实。罗昭强认为，直到现在，当年在技校学到的知识，依然让他受益无穷。

如果说父亲是罗昭强人生的第一个榜样，那么刘承民老师就是他人生的第二个榜样。当年刘承民老师给学生上课时，经常有人从厂里来找他，工人在生产中遇到问题了，也要请他去给研究研究。这让罗昭强特别羡慕，当时他就在想：如果我也能像刘老师这样受人尊敬，什么疑难故障都能解决，被这么多人需要着，那活得多么有价值啊！

那时才十几岁的罗昭强，对自己的未来还没有清晰的目标与规划，但是从刘承民老师身上，他看到了方向。榜样的力量是无穷的，刘老师就是照亮他人生航道的灯塔，对他的整个人生具有

⊙ 1993年，21岁的罗昭强在大连老虎滩公园留影

非常重要的引导作用。

所谓"长大后我就成了你"，罗昭强现在也被工厂里许多人需要着，羡慕着，尊敬着，也成了他众多徒弟的人生榜样。从学习榜样到成为榜样，罗昭强说，自己之所以如此努力地做出表率，就是要起到榜样的引领作用，激励徒弟成才，让年轻人都能看到，不懈奋斗就有希望。

让罗昭强特别感动的是，毕业多年后有一次他和同学们一起去看望刘承民老师，已经八十来岁的刘老师把当年的班级合影拿出来，每个人叫什么名字、做出了哪些成绩，他都说得非常清楚。刘老师的心，始终牵挂着学生们；刘老师的眼睛，始终关注着学生们的成长。以拳拳之心、殷殷之情对待学生，刘老师是这么做的，后来的罗昭强对待徒弟，也是这么做的。

那一届维修电工专业分甲、乙两个班，罗昭强在乙班。要论学习成绩，乙班不如甲班，但毕业参加工作后，乙班出来的人比甲班的更有成就。乙班的二十人中，现在已经有了包括罗昭强在内的两个全国劳模，获得中车资深专家称号及以上荣誉的有三人，获得首席技能专家称号的还有好几人。

第二章　长客电工

罗昭强十八岁时，以优异的成绩从技校毕业，被分配到长春客车厂维修电工组。上班第一天，他就因主动请战维修一台机床却修不好而遭遇挫折，前来救场的老电工蒋学富师傅给了他鼓励。自此，罗昭强暗下决心苦练技术，本着高度的职业敏感性和思维前瞻性，他有目标地不断充电，并不辞辛苦到其他厂当小工学技术。他不理会别人不解的目光，休息的时间用来读书苦学，磨砺技艺。在长客效益低迷期，他抵制住其他企业的高薪诱惑，选择继续坚守岗位，一边静待长客挺过寒冬，一边不断自我修炼提升，终于成长为维修经验丰富的"罗师傅"。

初战受挫

1990年，十八岁的罗昭强以优异的成绩，从大连机车车辆厂技工学校维修电工专业毕业，被分配到长春客车厂上班。

大连机车车辆厂技工学校虽然只是一所技校，但在我国铁路行业非常出名，培养出的学生专业水平很高，历年分配到长客的毕业生都广受好评。罗昭强也是带着这种自豪与自信、带着大展拳脚的抱负回到长客的。但上班第一天，他就遭遇了一个"下马威"。

那天，罗昭强所在的电工维修班组接到电话，来电话的人说有一台车床出问题了，让赶紧派人去修。初来乍到的罗昭强很想表现表现，露一手给大家留个好印象，在学校时的优异成绩也让他有这种自信，他便主动请缨，跟班长说："让我去吧！你们都不用去，我自己就能解决。"

出问题的是一台立式车床，比普通的车床要复杂，操作者一说故障现象，罗昭强傻眼了。他左看右看，根本就找不到出故障的原因，对照图纸也弄不明白问题到底出在哪里，更不知该怎么解决。这是他第一天上班，那些老工人本来就对他这个初生牛犊的能力有所怀疑，看他对着车床一筹莫展的样子，就问他："小伙子，你到底行不行？不行赶紧回去找师傅来修吧。"

罗昭强又羞又急，满头大汗，但来的时候在班组已经夸下海口了，这会儿承认自己不会修，回去找师傅，多丢人、多尴尬啊。他只好硬着头皮说："我能行，让我再试试。"

结果忙活了整整一个上午，他依然没找到问题所在。

到午饭时间了，罗昭强还在对着机床一筹莫展。许是看他久久未回，知道他遇到困难了，他们班组一位姓蒋名学富的老师傅便来找他。蒋师傅当时已经五十多岁了，是一名资格非常老、经验很丰富的维修电工。现场的工人看见蒋师傅仿佛看见了救星，说："蒋叔，您可来了！您赶紧帮我看一看，这孩子弄一上午也没弄好，耽误我干活啊。"

罗昭强一听，脸更红了，羞愧难当。

蒋师傅淡定地用一支小电笔在一个继电器的调整螺丝上稍微调了半圈儿，主轴马上就停车了，故障就这样轻轻松松解决了。罗昭强佩服得五体投地。

跟蒋师傅回班组的时候，罗昭强感觉得到，蒋师傅很欣赏他身上的冲劲和对工作的热情。蒋师傅并没有奚落他，而是像父亲一样语重心长地跟他说："小罗啊，头一回修不好，千万别灰心！好技术实际上都是磨出来的，我们工人都得在工作中一点点地去锻炼，去积累，不断地充实自己。你年轻肯干，底子好，有想法，我看好你。"

这是罗昭强初入职场上的第一堂课。这件事对罗昭强后来的成长产生了很大的影响。知耻而后勇，他深刻认识到，有勇气有热情、敢想敢干是对的，但理论和实践是有很大差别的，学得好未必就能干得好，他还需在工作实践中积累经验。这就跟打仗是一个道理，光熟读兵书是不够的，还得身经百战，才能成长为将军。而且生产设备千差万别，故障原因不一而足，书本理论的介绍毕竟是有限的。

从那以后，罗昭强暗暗在心里给自己定了一个小目标："这车间中间通道两边所有的设备，它们的工作原理和所有零部件，我都要了如指掌；它们出故障的原因及解决办法，我都要心中有数。总有一天，我能够自信从容地面对任何一台故障机器！"

努力充电

目标定下了，接下来罗昭强就得为实现目标而努力。

当时还没有进入互联网时代，自主学习是要克服很多困难的，不像现在一点击网络搜索，海量的资料就会弹出来，阅读、复制、下载、打印、扫描等都很方便。那时，罗昭强要看图纸得到图书馆或资料室去借阅，借阅时间有限，他得及时还回去。借出来后没有机器复印、扫描，他也买不起相机去拍照、冲洗，就只能抓紧时间照着绘制。对于每一个细节和说明，他都要尽量画得精准无误；对于每一处接线方式、工作原理和机械功能，他都要抄写下来。这样在对照机器设备研究的时候，他才能一目了然。

罗昭强有一个专门照着画图纸的小本子，日积月累，它就成了一本"维修宝典"。初期他就是靠着这种"笨"办法一点点来积累维修经验的。他从最开始只会解决一些简单的问题，到后来能解决越来越多、越来越复杂的问题。渐渐地，他发现机床操作者看他的眼神、对他的态度，从怀疑变为认可，变为信任与欢迎；对他的称呼，也从"小罗"变为了"罗师傅"。

罗昭强十分珍惜"罗师傅"这个称谓，这代表着，他基本实现了自己当初的小目标，他靠自己的努力，工作技能初步得到了这个群体的认可。

但对于罗昭强来说，这还远远不够。他的人生目标，要更为高远。他从不给自己的人生设限，不认为当一名维修电工，光懂电就够了，光懂自己厂里有限的设备就够了，光懂已经被人发明出来的这些机器就够了。就像小学、初中时有着广博的爱好一样，现在的他，依然对这个世界有着旺盛的好奇心和不息的求知欲。

业余时间，罗昭强不是泡图书馆，就是逛书店，查资料、学理论、做分析，广泛学习电子、液压、机械等十多门学科的知识。面对各不相同的机器设备，面对毫不熟悉的工作领域，他就像一台永不满足的"学习机器"，像一个不懂就问的好学生，哪个新名词没弄懂，哪个设备没掌握，哪个故障没见过，哪个系统没弄清，他都虚心向人请教，把新学到的知识逐一记在笔记本上。得不到解答的，他就去图书馆、资料室找答案，经常对着某本书抄录一整天，然后再回到实际工作中反复求证，直到疑惑彻底得到消除为止。

罗昭强认为，一个人获取知识的难易程度，决定了他理解这个知识的深浅程度。这样艰难而用心学来的知识，他记得特别牢，终生不忘，并且还能举一反三、触类旁通。

"干一行，爱一行，钻一行，精一行。当工人，就要当一个好工人；学技术，就要把技术学精。"这是罗昭强的人生信条。

他山之石

除了执着求知的精神，罗昭强还有一个常人不能及的长处——在大家听着很普通的事情里捕捉到一些有用的信息点。听收音机是他获取信息的一个重要渠道。一般人听收音机可能是听音乐戏曲、相声小品、美食旅游等，为的是娱乐放松，罗昭强则主要听新闻报道和交通科技类节目。收音机携带方便，他随时随地可听，还能边听边干活儿。

20世纪90年代初，"工业计算机"一词刚一出现，便迅速被罗昭强的耳朵捕捉到。出于高度的职业敏感性和思维前瞻性，他意识到，这种设备必将引领时代，在汽车、火车制造领域，在未来的自动化生产中，必将大有可为。他开始有意识地学习计算机技术，学习编程。

1992年的某一天，罗昭强得知一汽专用机床厂引进了PLC可编程控制器。罗昭强听说这是当时比较先进的技术，如此好的学习机会近在眼前，他怎肯错过？必须学会。但长客没有这个，怎么办？他四处打听，到处托关系，想尽一切办法，终于通过自己的一个亲戚，得以进入一汽学习。

当时长客的休息日是周二，一汽的休息日是周日，两个厂的休息时间是错开的，这样罗昭强就可以趁长客的休息日去一汽，义务当"小工""学徒"，等待时机拜师学艺。当年长春的道路可没有现在这么顺畅便捷，公交车也没有这么多线路，从长客到一汽有十几公里路程，他只能骑自行车去，往返各需骑行两个小时，但他不辞辛苦。

但这不是普通的拜师学艺，你是其他厂的，一开始人家对你是有戒心的，不信任你，不接纳你，不会教给你真东西。罗昭强知道，这事儿急不得，他有耐心，有韧劲儿，也有眼力见儿。每次去一汽车间他就帮着扫扫地、打打杂儿、跑跑腿儿，去的时间长了，他逐渐跟人家都混熟了，他们也都挺喜欢他，觉得这小伙子勤快、热心、实在、执着。

有一天，罗昭强就跟班长李光喜说："李师傅，我想学习操作可编程控制器，您能不能帮帮我？"

李师傅不理解地说："这是我们这儿比较核心的设备，你学有什么用啊？你那儿又没有。"

罗昭强说："现在没用不代表以后没用，现在没有不代表以后没有，等有机器的时候再学就晚了。您就把编程手册借我看看吧。"

架不住罗昭强的软磨硬泡，李师傅后来还是把编程手册借给他了——只借一天。罗昭强喜出望外，千恩万谢，赶忙拿去外面打字社复印。当时复印很贵，三四毛钱一张，罗昭强一个月工资才六十多块钱，印得很心疼，但为了学到新知识，他舍得这种投入。

那个复印本直到现在罗昭强还珍藏着，那是他自学编程的起点。

罗昭强回到长客车间，工友们看他老拿着这个复印本子看，都不解地问他："你看这个干啥？咱这儿又没有那种机器。干点别的事多好。"

对于这些不解的声音，罗昭强都置若罔闻，不为所动，坚定地走自己的路。

欲成非常事，先做非常人。现在罗昭强经常跟年轻的徒弟们讲："你要想做跟别人不一样的事，就得先做跟别人不一样的人。"这话说着简单，做起来可不容易。

是走是留

20世纪90年代，由于中国经济迅猛增长，铁路交通高速发展，火车车型不断更迭，长客原来的主要产品绿皮火车接到的生产订单变少了，因为慢慢悠悠、走走停停的绿皮火车已经不适应世纪之交的中国经济发展速度，不能满足大规模的人口迁徙流动需求了。承载了几代人远行记忆的绿皮火车，中国铁路客运曾经的主力工具，正在逐渐退出历史舞台。从1959年长客生产出新中国第一辆铁路客车以来，不过短短四十余年。

进入21世纪，中国的高铁时代即将到来，要不了几年，长客将再一次成为主角，站在时代的重要舞台上。

没有订单就没有活干，有好几年的时间，长客不得不放假息工，厂里的效益一天不如一天，当时工人们的平均月工资才360元，养家糊口都成问题。

那时候罗昭强刚过而立之年，已经成家。身边跳槽或转行的人很多，一般有门路、有技术的都走了，剩下的工人难免消极懈怠。怎么办呢？罗昭强也想过跳槽找个高薪的地方，外面的企业非常愿意要他这样技术过硬的人。有个公司慕名来找罗昭强，说只要他肯去，工资一个月先给他开5000元，以后还能涨。2000年前后，还有一家外国机构的设备经理请罗昭强去管理一条瑞士出产的自动化生产线，薪酬是他当时工资的三倍外加年底分红。这不能不说是一个很大的诱惑，他如果每月能拿到这样一笔收入，就能给妻儿优越的生活。

一边是高薪的诱惑，一边是枯瘦的理想；一边是对家庭的责任，一边是对长客的热爱；一边依旧如饥似渴地学习，一边又是前路渺茫的苦闷。是走还是留？是逃离还是坚守？

短暂纠结后，罗昭强选择继续留在长客。他还是舍不得离开这片热土，长客这个大家庭，这个他倾注了太多心血的地方。"我父亲就是长客人，我是第二代长客人，是长客给了我成长的平台，我对长客是有深厚感情的。"

那几年，正是长客艰难转型的时期，如果工人一个一个都走了，工厂就更难了。罗昭强觉得，此刻他应该做的，是留下来扛起责任，与长客一起静待转机，共渡难关。

凭着多年来对有关信息的敏感，对交通发展趋势的关注，罗昭强相信：坚持一下，再坚持一下，眼前的长夜会过去的，长客会挺过来的，工人们的日子会好起来的。他相信：在自己的岗位上，他能等到云开日出、春暖花开的那一天。

多年以后罗昭强跟徒弟们讲起当年那段历史、那次抉择，他说："人，不能忘本。比如说你出去应聘，当时长客每月给你开360元，别的企业每月给你开5000元，十几倍的差距，你能不心动吗？但是你能说走就走吗？你要知道是谁让你值这5000块钱的，是长客！"

一万小时定律

罗昭强爱看书,爱钻研,即使在最低迷、最彷徨的日子里,他也从未放弃学习,从未放松自我提升。

世纪之交,世界风云激荡,科技日新月异,信息知识爆炸。1998年5月18日,位于北京西单路口的北京图书大厦开业,这是全国大型国有零售书店之一,对图书出版物实行全门类、全品种经营,总建筑面积五万余平方米,书店规模之大、经营品种之丰富,堪称全国"第一书城",是广大爱书人的购书天堂。从此以后到北京出差,一向爱逛书店、爱阅读行业前沿书籍的罗昭强忙完工作,哪个景点都不去玩,哪家美食都不去尝,他就上西单的北京图书大厦寻找科学技术类书籍。长春的书店里买不到的电气自动化书籍,在这里都可以买到。罗昭强每次都会买上好多有用的书背回长春,不吝花钱,不辞辛苦。

在北京除了逛西单的图书大厦,罗昭强还会去中关村四通大厦。在世界新科技浪潮与中国改革洪流交汇之地的中关村,四通集团是第一代企业的标杆,是当时该商圈的核心所在,那里汇聚了当时世界上最先进的自动化电子设备,那里有海量免费的电子产品手册提供,罗昭强总是尽可能多地拿回长春来细看、研究。

⊙ 1995年，罗昭强在上海地铁2号线留影

　　罗昭强把大部分的休息时间都用来读书。他看书从不囫囵吞枣，更不会满足于一知半解，遇到看不懂的地方，必会苦思冥想，直到弄懂为止。有一回，他从四通大厦拿回来一本西门子的产品手册反复看，工友们说："厂里都这样了，你看西门子的手册有啥用？咱连这设备都没看到过，猴年马月能用上啊？"

　　罗昭强不予理会，但是看了半个月，有一个问题他仍然弄不明白，周围也没有可以问的人。他就暂时把书放下，带着疑问去看别的书，果然在另一本书上发现有一段话正好能解答之前的疑问。他觉得这种融会贯通的感觉特别好，"就像是打通了任督二脉"。当然，他若没有开阔的思维和庞大的阅读量，是难以体验到这种快乐的。

　　罗昭强信奉"一万小时定律"。他说世界上真正的天才不多，那些做出了卓越贡献、有非凡成就的人，并非天资过人，而是耐得住寂寞，能够持续不断地自我修炼提升。虽说三百六十行，行行出状元，但要成为任何一个领域的专家，一万小时的锤炼是必要条件，而要成为世界级大师，则需要好多个"一万小时"。

第三章 建功立业

2002年，长春客车厂改制重组成为中车长春轨道客车股份有限公司，很快成为中国轨道交通装备研发、制造和服务的龙头企业。罗昭强通过上夜大获得了电气自动化大专文凭，并且自学了多种控制系统的编程、调试、组态等技术，还在2005年中国北车第二届职工岗位技能大赛上厚积薄发，一战成名。

当转为干部编制的机会摆在眼前时，罗昭强却出人意料地主动放弃了，继续坚守在他热爱的一线技术岗位上。2011年，他勇担重任，废寝忘食，研发出一套"CRH3型动车组调试操作技能实训装置"，将高铁调试工的培训时间缩短至三个月，破除了公司员工技能水平不适应研发、制造高端技术产品的瓶颈，为公司节省了巨额的培训费用，并开拓了广阔的国内外市场，立下大功。

崭露头角

2002年3月，由中国北方机车车辆工业集团公司（以下简称"中国北车"）作为主发起方，在原长春客车厂主营业务和优良资产的基础上，经改制重组后，中车长春轨道客车股份有限公司（以下简称"中车长客"）成立了。升级为中车长客的长春客车厂终于挺过了"寒冬"，迎来了"暖春"。之后，随着我国轨道交通行业的快速发展，中车长客实现了技术升级和产品更新换代，经营业绩连年跨上新台阶，其品牌效应和社会影响力也不断提升，它成为中国轨道交通装备研发、制造和服务的龙头企业。此乃后话。

好几年的时间里，罗昭强白天工作，晚上上夜大，他系统学习了电子计算机、液压等知识，获得了电气自动化大专文凭。并且，他还自学了西门子、施耐德、罗克韦尔等不同控制系统的编程、调试、组态等技术，掌握了德国力士乐比例阀控制技术。

岗位锤炼，知识助力，罗昭强快速成长着。

机会总是留给有准备的人，时间从不辜负真正努力的人。因为长期以来一点一滴的积淀，在地底下把根扎得很深，一旦时代的春风吹拂，一旦展示的机会来临，罗昭强便能迅速抓住，崭露头角，脱颖而出。正所谓："不飞则已，一飞冲天。不鸣则已，一鸣惊人。"

2005年，中国北车举行第二届职业技能大赛，有维修电工组比赛项目，中车长客报了三个人参赛，参赛选手都很年轻，属罗昭强年纪最长，也不过三十三岁。罗昭强相信，自己这么多年磨砺技艺，广泛阅读专业书籍，始终关注行业前沿，在知识宽度和实践经验上，自己肯定要比其他参赛选手有优势。他唯一的弱点是记忆力不如小伙子了，背题老背不下来，怎么办？俗话说"好记性不如烂笔头"，他就每晚八点在儿子睡觉后，开始看书背题（他儿子的小名"罗八点"就由此而来），在纸上一遍又一遍地抄写考题涉及的知识点，笔芯都用掉了一盒。他写着写着，那些知识点就都牢牢刻进他脑子里了。

比赛开始了。笔试环节，罗昭强记忆扎实，答题熟练。维修

⊙ 上图 2005年，罗昭强（右）在中国北车职业技能大赛比赛现场
⊙ 下图 2005年，罗昭强（右）获中国北车职业技能大赛冠军

环节，裁判员公布故障后还没回到座位上坐好，罗昭强就"秒杀"龙门刨床四个故障点。编程环节，考的是欧系西门子设备的编程方法。这也难不倒罗昭强，他早就自学过了。他胸有成竹地开始答题，飞速地把键盘敲得"啪啪啪"直响，监考老师过来提醒："你小点声，别影响别人。"他才意识到，十五年积累的功力今日终有机会在这个赛场上一朝爆发。

毫无悬念地，罗昭强获得了这次大赛的第一名，后来又被授予"全国技术能手"称号（2006年由人社部授予）。有些选手比赛前还特意去西门子公司专门培训了一个多月，而罗昭强就靠平时的自学与积累，一举夺魁。所以说，任何知识的储备都是有用的。技多不压身，功到自然成。

2005年，已被中车长客评定为C类拔尖人才的罗昭强，跳过B类，破格直接评上了A类拔尖人才。

终于，罗昭强守得云开见月明，他的名字和成绩开始被行业内越来越多的人记住、认可、传扬。

放弃转干

2006年，中车长客准备给公司的核心维修骨干罗昭强转岗为技术干部——由工人编制变为干部编制。董事长找他谈话："这次只申请了两个名额，你技术好，我看好你。你不用着急现在就给我答复，我给你三天时间好好考虑。"

受到领导的肯定，得到转干加薪的机会，换作一般人，可能求之不得，会毫不犹豫地答应。但出乎所有人意料的是，在最后一刻，罗昭强竟然放弃了转干。后来他笑着自嘲："我可能是中车长客第一个拒绝转干的工人。"

其实一开始听到给他转干名额的消息，罗昭强也是高兴万分的，毕竟转干曾是他多年的梦想，转干也是对工人最好的肯定与奖励。大家都说，当干部多好，不用在一线干脏活儿、苦活儿、累活儿、险活儿，天天坐办公室，工资还高，社会地位也高，谁都想转干。但冷静下来，罗昭强又犹豫了。当干部后就不在一线了，那日子久了，自己学了这么多年的技术会不会渐渐荒疏了？当干部后，也不能天天亲手触摸这些无比热爱的设备了，自己真的舍得吗？转，还是不转？那三天他辗转反侧，拿不定主意，太难受、太纠结了。

还是转吧，罗昭强想，毕竟家里真的太需要钱了。他想起妻子陶萍原来是医院的一名护士长，刚参加工作时，由于表现出色，事迹登上过《长春日报》，她还被邀请在卫生系统做过事迹报告。妻子年轻时的志向是获得南丁格尔奖，但是为了支持丈夫的事业，为了更好地照顾双方老人和孩子，她忍痛放弃了多年奋斗的护理事业，全力照顾家庭。在长客效益不好的那些年，罗昭强每月工资只有360元，虽说家里生活还没到过不下去的程度，但也仅仅处在温饱水平，妻子跟着他吃了不少苦。他又想起儿子"罗八点"，儿子很喜欢画画，但那时自己竟然拿不出钱来给儿

⊙ 2014年，罗昭强与儿子一起参加文艺活动

子报美术课外班，真是太对不起儿子了。直到后来，自己被评为公司劳模，得到3000元奖金，才马上带儿子去美术班报了名。儿子是真喜欢画画啊，一进画室，就特别开心，特别活泼。那一幕，他看在眼里，愧在心里。他又想到自己这么多年努力，除了热爱的事业与理想之外，不就是想用自己的双手创造财富，让家人过上更好的生活吗？

三天之后，罗昭强走到董事长办公室门口，本想敲门进去告诉厂长，他决定了，接受转干。但正要敲门的时候，手指都已经碰到门上了，脑子里却突然有一个声音跳出来问他："你到底是自己内心深处想转干，还是因为一些世俗的诱惑与压力，比如工资高、地位高，才想转？转干真的是你的本意、你的初心吗？你不是还有很多在工人岗位上想干还没干成的事吗？"这些声音挥之不去，他定定地在门口站了好一会儿，最终没有敲响门，而是转身走开了。

待情绪平复后，罗昭强给董事长打了个电话，说："董事长，我想好了，我不转干了，我太热爱一线技术岗位了。"

董事长对罗昭强的意愿表示理解和尊重。工友们则觉得很意外，不理解，就像当年不理解他捧着厂里没有的设备的产品手册反复研读一样。

如果当初选择转干，当一名技术干部，会不会比现在有更大的成就？罗昭强从不这么想。他觉得，站在人生的岔路口，向左走、向右走其实都没有错，若选定了方向还要纠结悔恨，摇摆不定，忘记前行，那才是错。负责任的人生态度应该是：选择自己

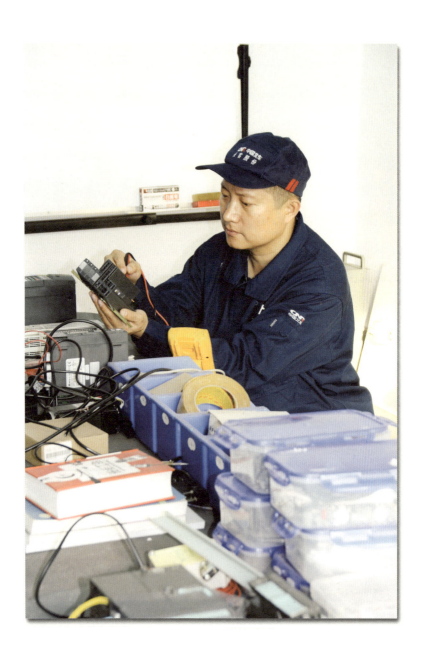

⊙ 2013年，罗昭强在电力车间工作

坚持的，坚持自己选择的，在已经选定的方向，逢山开路，遇水搭桥，披荆斩棘，奋力开拓，踏平坎坷成大道，斗罢艰险又出发。

勇担重任

放弃转干，罗昭强继续在工人岗位上做着自己喜欢的事情。机遇没有辜负他对一线技术岗位的热爱与坚守，是金子在哪里都会发光。因为，在现代制造业中，"工人"的概念早已不同于以往。在中国高铁这个世界瞩目的平台上，技能成才也是职业成功的高速通道。

改制重组后的中车长客，走上了发展的快车道。2011年3月，中车长客希望研发一套"CRH3型动车组调试操作技能实训装置"，用于培训高铁员工，突破企业员工技能水平远远不适应研发、制造高端技术产品的瓶颈。CRH3型动车组是当时国内技术含量和速度等级最高的智能化动车组，与国际同类产品相比也处于领先水平。而动车组功能调试作为动车组出厂前的最后工序，担负着检测动车组能否充分发挥车辆运行性能，各项控制功能是否可靠、有效，能否正常上线安全运营的重要职责。

为了避免利用现车进行培训费用大、能耗大、不可控因素多等潜在风险，企业相关部门决定："找罗昭强！"

恰好这段时间，罗昭强开发了一套维修电工的实训设备，他去找中车长客的领导，详细阐述了这套实训设备的作用。领导认真听他说了半个多小时，没插一句话。待他讲完，领导郑重地跟他说："罗师傅，你这个事儿先放一放。咱公司有一个迫在眉睫的难题，困扰我很久了，我正想找你解决呢。"

领导详细介绍道，中车长客从2004年引进高铁项目开始，研究制造高铁已经好几年了，技术上取得了重大突破。但现在公司面临最大的问题就是，大部分的一线员工技术水平、制造能力还达不到制造高铁的高要求，因为公司前身是造绿皮火车的，大多数工人面对高铁故障缺乏经验，一筹莫展。领导问罗昭强："你既然能开发出维修电工的实训设备，那你能不能开发出一套高速动车调试工的模拟实训设备？"

罗昭强一听，血液沸腾了。早在2006年的某一天，中车长客总装车间运进来一节产自法国的高铁，车头呈流线型，较之方方正正的绿皮火车，它充满现代感。罗昭强想：铁路车辆也能变得这么高大上，这么好看啊！他热切地想要上去看看，但未获允许。因为他是维修电工组的，不是高速动车组的，没有岗位工作证。这让他很受挫，他暗暗对自己说："维修电工干得再好，在中车长客也只是辅助工种，高铁动车才是时代趋势。我如果在长客干了一辈子，却没有亲身参与制造高铁，将会是一生最大的遗憾。总有一天，我一定要加入高速动车组！"

现在，机会就摆在眼前，开发高速动车调试工的实训设备，他不就能名正言顺地深入研究高铁、参与制造高铁了吗？那得多自豪啊！

所谓艺高人胆大，罗昭强毫不犹豫地选择接过重担，迎接挑战。他跟领导拍胸脯表示："您就放心吧，我一定能开发出来！"

其实领导此前也问过一些高铁专家，可不可能有一套模拟实训设备，专门用来培训高速动车调试工。

专家们都摇着头说："这几乎是不可能的，高速动车组多复杂啊，咱真车都没弄明白呢，还模拟，搬到地面上，那是不可能实现的。"

专家都说不可能的事儿，到罗昭强这儿，他却敢说："有可能！航天不也这么干吗？我看神舟飞船的新闻时受到了启发，其中有个细节：杨利伟他们训练用的是1∶1的模拟座舱。航天员不能飞天上去练啊，得在地面上操作。航天能，咱高铁也一定能！"

你看，快四十岁的罗昭强，依然是一个善于从新闻事件中发掘信息、得到启示的人，依然是一个时刻关注科技前沿、从未放松学习提升的人，依然是一个敢想敢干、热血沸腾的技术狂人。

领导信任地说："那我给你三个月的时间，你拿出方案和技术图纸等，我相信你能行。"

罗昭强深知，模拟实训的机会对高铁调试工来说特别难得，也特别急需，他拍着胸脯接过"军令状"。但这事儿太难了，他怕如果他迟疑不自信，只说先试一试，领导可能也就放弃这一想法了。而他表现出十足的信心与决心，笃定地说"我能行，这事儿就交给我",领导也就有了信心。

罗昭强当然并不是在逞英雄。刚开发出一套维修电工的模拟实训设备,现在接过开发高铁动车调试工模拟实训设备的重任,两套实训设备是有相通之处的,而且这几年他一直在利用各种渠道钻研高铁,早已了解清楚高铁的原理了。再者,2010年,罗昭强劳模和工匠人才创新工作室建立,他有了独立的平台,有了得力的团队,可以集中众人的力量和智慧。

但是,罗昭强也没有百分之百的把握,毕竟从维修电工到高铁调试工的跨度是非常人的,他需要学习许多新知识,需要用实践验证理论,得摸索着前行。高铁引进国内才这么些年,谁不是边干边学呢?他相信人的潜力是无限的,不逼自己一把,你永远不知道自己可以有多优秀,可以做出多大的成绩。过程必然是困难曲折的,全力以赴达到目标就是了。

后来罗昭强总结道:"我就是通过干那些别人觉得干不成的事情成长起来的。"

背水一战

罗昭强就这样进入到梦寐以求的高速动车领域了,虽然还没有加入高速动车组,但毕竟能随时进入高速动车车厢认真研究了。他既然已经接过"军令状",唯有破釜沉舟、背水一战,拼了!

　　因为有领导授权，在开发过程中，公司给了罗昭强一个研发场地，他能集中更多的人力，调用更多的资源，包括原版的各种图纸等，这给了他极大的助力。

　　但从0到1，总是艰难的，何况时间紧、任务重。那三个月，因为靠近梦想的兴奋，因为挑战重任的压力，罗昭强基本上进入了一种不眠不休的状态。为了尽快拿出设计方案，他每天对着4 000余张电气原理图和6 000余张逻辑控制图苦苦分析。经过对万余张图纸的刻苦钻研，对高速动车组控制原理的全面掌握，对自己想法灵感的融会贯通，他最终提出了按子系统功能分模块模拟的技术方案。

　　领导看过罗昭强提出的方案和绘制的图纸后，给予了充分肯定，批准可以照此研发。

　　从方案和图纸到实训设备呈现，是一个更为艰难的过程。当时他不在调试工岗位，还是个维修电工。可他研发的是给高铁调试工培训的设备，他就需要学习很多调试方面的知识。所以他常常跑到调试车间那边去问，知识跨度很大，不过他从未想过退缩。研发功能模块的时候，有一阵子他和团队遇到攻克不了的难题，就把桌子拼到一起晚上睡在研发中心。睡也睡不着，他们就躺着聊天，聊到哪儿受启发了，就起来调一调、试一试。

　　有一天也是聊出灵感了，大家又起来干活。干完活儿，罗昭强请大家去吃东西，带着一身疲惫和取得进展的兴奋，一群人走到大街上，发现整个城市都在沉睡，只有一家粥铺开着。待他们喝完粥，天都亮了。有徒弟调侃道："师傅，咱们这算是吃夜宵

⊙ 2011年，罗昭强带领团队研发了第一套模拟实训设备

还是吃早饭呢？"

"夜宵、早饭并一起了。"大家哈哈笑着说。

罗昭强内心突然涌起一股暖流，他觉得，这种一群人为了一个共同的目标而一起拼命的状态，是多么激动人心、多么温暖幸福啊！

经过夜以继日的刻苦攻关，在规定期限的前一周，罗昭强带领团队"交货"了，前后历时约半年。

单位派人来验收，验收的技术人员说："这个东西有意思！比真车省事，展示得条理清楚。"

大家这才松了一口气。

罗昭强又请高铁调试岗位上的员工来试，他问："这套设备你觉得怎么样？"

那名员工各处试了试，高兴地说道："罗师傅，您还别说，这个设备跟高铁车上的道理是一样的，并且非常省力，效率也很高。"

得到这样的评价，罗昭强如释重负。

研发立功

2011年，还在维修电工组的罗昭强，受命带领团队跨工种研发出了第一代高速动车组调试工实训设备。2014年，又研发出了第二代。他主持研发的这套装置，通过控制逻辑和功能模拟，在地面上搭建了与实车相同的调试培训环境，避免了利用现车进行培训不可控因素多等潜在巨大风险，开创了全国利用模拟手段对从事高速动车组调试操作的员工进行培训的先河，为企业节约培训成本600余万元。

具体说来，该装置突破了27项动车组模拟的技术难点，开发了5套控制逻辑模拟软件，创造性地实现了涵盖"高速动车组受电弓系统""高速动车组安全环路系统""高速动车组牵引系统"等7大系统的模拟。7大系统之间还可以灵活组合，以满足不同的实训需要，让高速列车调试工序效率提升了20%，让动车组百万公里安全故障率由2.5%降至0.87%，确保了高铁安全可靠地运行，累计创造经济效益4.9亿元。

由于这套设备非常实用，自出现后，它还为公司拓展出了一个"计划外"的市场，带来了意外的收益。这套设备已在上海铁路局、北京铁路局、兰州铁路局、济南铁路局、乌鲁木齐铁路局、青岛动车段、沈阳动车段、南昌地铁公司以及多家职业技术学院广泛应用，这些单位购买该设备用于员工或学生实训，都取得了良好的效果。2015年，该设备又被应用于中国铁路总公司举办的"全路动车组应急故障处理培训班"四期60余人的培训中，对高铁的安全运行发挥了重要作用。2017年，该设备实现专利成果知识产权转让，与合作企业一起开拓了近10亿元的广阔市场。

由于该成果通过了专利许可授权，实现了产业化，由专业的企业负责生产制造和市场推广，目前约有40家轨道交通专业院校

⊙ 上图　2014年，罗昭强和他研发的中国第一套城铁客车技能实训装置
⊙ 下图　2016年，罗昭强（左三）在兰新高铁进行售后服务

和100家非轨道交通院校相继开办了轨道交通相关专业,利用该成果有效完成了院校的高铁人才培养任务,为满足国家轨道交通事业快速发展提供了有力的人才保障。

尽管这套设备开发至今已十余年,我国的高速动车技术又有了质的飞跃,但它目前仍摆在罗昭强工作室里,到现在还发挥着巨大作用。

第四章　成为大师

2004年，《国家中长期铁路网规划》不仅绘制了超过1.2万公里的客运专线网，还提出了"引进先进技术、联合设计生产、打造中国品牌"的总体要求。中国人开始谦虚学习与艰苦探索先进高速列车技术，并很快开启了属于中国的高铁时代。中国的高速铁路建设里程已占世界一半，位居全球第一。

2015年，是罗昭强人生极为重要的一个转折点，对高铁痴迷已久的他，在成为公司4 000多台（套）国际一流制造装备最权威的"全科医生"后，主动离开"舒适区"，申请调去做高速动车组调试工，正式加入亲手打造高速动车的光荣队伍之中，并后来居上，迅速成长为"首席高铁调试大师"，于2019年获得"国家科技进步二等奖"，被誉为"工人院士"。

转岗高铁

2004年，中车长客与法国阿尔斯通公司合作，引进时速200公里的CRH高速动车组和大量大型高精尖设备。

2006年，在中车长客的车间里见到线条流畅、充满现代感的高速动车，罗昭强向往不已。

往前追溯，其实早在20世纪90年代，在科技图书馆看书时，罗昭强就知道了日本有几条新干线，见到了新干线上的零系列车图片，零系列车是世界上第一种高速铁路车辆。当时他的印象特别深,他这才知道原来火车还能设计成这样。那时,他就开始对高铁念念不忘了。

2015年,已逾不惑之年的罗昭强主动申请调去做高速动车组调试工,正式加入了这支光荣的队伍,在生产一线亲手打造高速动车。

可以说,2015年,是罗昭强人生中极为重要的一个转折点——2015年,他踏上了事业的新征程,迎来了新的机遇和挑战。

从维修电工组转岗去高速动车组当车辆调试工,属于大跨度改行。

自1990年进入长客工作,罗昭强发愤图强25年,一步步成长为中车长客的顶级维修电工、国家级技能大师,被誉为公司4 000多台(套)国际一流制造装备最权威的"全科医生"。现在,已逾不惑之年的他,却要主动离开自己最熟悉的岗位,不顾前方"雄关漫道真如铁",毅然"迈步从头越",这是怎样的勇气与魄力!这是怎样的雄心与壮志!

高速动车组的车辆调试工作是一项典型的高技能工作,处于高铁制造业的核心地位,当时全国范围内从事此工种的技术人员加起来不超过2 000人。

高速动车组调试工面对的电线足足有数万米长,连接着成千上万的大小设备,除了4 000余张电气原理图,还有近6 000张逻辑控制图,每一个逻辑变量的变化,都会导致车辆状态的变化。作为调试工,要能找出并解决车辆存在的所有显性和隐性问题,让车辆以最佳状态上线运行，这意味着调试工必须对高速动车组涉及的所有技术门门通晓。

有志者，事竟成。苦心人，天不负。如愿转岗之后，罗昭强以惊人的毅力，躬身从"学徒"重新做起，49道调试工序，他一道道跟，一点点学，"手机、平板电脑里存满图纸，每天早晚坐班车都在研究"。

基于25年维修电工的技术积累，经过半年疯狂充电，罗昭强厚积薄发，后来居上，迅速适应新岗位，练就了一身高铁动车故障判断和逻辑分析的绝活，成功转型为该领域的功夫集大成者，并作为调试车间技术团队的负责人，率领这支"飞虎队"歼灭他人无法攻克的调试难题。

大展拳脚

调试工作就像给动车组赋予生命，让其"活起来、动起来"，好比张僧繇壁上画龙后的点睛之笔。

"调试是高速动车出厂前的最后一道工序，具体说来，我们的工作就是要找出并解决车辆存在的所有显性和隐性问题，把车辆各方面性能调整到最佳，确保每一列高速动车组安全优质出厂。"罗昭强介绍道。但一列动车组光电线累计就有几十万米长，连接着成千上万的设备，仅驾驶室就有上万条线缆像血管和神经一样密布在面板之下，想及时准确找出列车疾患所在，谈何容易！

但忙碌在调试场上的罗昭强一身大将风范，从容严谨，指挥若定。他利用自己在动车组网络、牵引、制动等调试方面的丰富经验，以及他所擅长的列车故障判断和逻辑分析绝活，保证了动车组的零故障出厂。

2017年6月26日，两列"复兴号"在京沪高铁两端双向首发，标志着中国标准动车组时代的到来。罗昭强工作室作为"复兴号"动车组调试阶段的骨干力量，全程参与了列车出厂前的调试工作。"以往需要逐一排查很多部件，设备都带有防松设置，拆完后，工人没有资格重新安装，须专人操作，质量管控复杂，工作量很大。"但在"复兴号"调试过程中，罗昭强和工作室成员创新应用有关软件，对其变量进行灵活排序，通过分析车辆在不同状态下留下的信号数据，就能找到故障点。

"复兴号"调试中有一项静态重联试验，是让原型车与其他厂家的车实现网络和机械的互联互通。若等两车会合再做这一试验，会大大增加试验的不确定性，时间紧迫，相关人员一筹莫展。

关键时刻，罗昭强主动请缨，带领几名工作室成员，从标准动车组的网络逻辑和电路控制原理入手，模拟对方车，研发了一个只有抽屉大小的重联模拟器，成功实现与他车模拟重联认证，确保试验万无一失，一举解决了中国标准动车组互联互通的核心问题。

⊙ "复兴号" CR400BF动车组调试攻关团队（前排中为罗昭强）

随着中国的高速列车技术迈进正向设计、深度掌控、走向世界的历史阶段，这几年，罗昭强率队完成了"复兴号"中国标准动车组、KDZ15、KDZ9、混合动力动车组等国家和企业重点项目的试制和调试攻关，推动中国高铁有关技术实现了从引进、消化、吸收再创新到自主创新的跨越，为中国高铁的技术进步做出了突出贡献。

除了"复兴号"，工作室还承担着公司量产车调试、试制车型调试技术准备、动车组正线运行故障解决技术支持、用户技术指导等任务，每年约完成攻关40余项，已累计解决一线调试难题340余项。

在罗昭强看来，高速动车组是我们国家的一张"金名片"，能亲手将这张名片擦得更亮，他觉得非常荣耀与自豪。被评为全国劳动模范，或者获得别的个人荣誉，都不如这份荣耀让他开心。

"破冰"行动

罗昭强一直是一个敢想敢做、敢为人先的人。

2011年，罗昭强研发出第一代高速动车组调试工模拟实训设备后，次年，他想凭此设备报名参评当年中国北车的科技成果奖。身边很多人都觉得他异想天开，说："你一个工人，参评什么科技成果奖？那都是有高科技水平的总设计师、设计师参加的，你一个工人去参加算干啥的？"

大约此前从没有哪个工人"妄想"参评科技成果奖。

罗昭强可不管那些，别人不敢想的事儿，他敢想；别人不敢干的事儿，他敢干。总要有人去做"第一个吃螃蟹的人"，他愿意做那个人。别人的劝阻没有让他灰心动摇，作为一线技术工人，他真正知道工人需要什么样的培训设备，培训的重点应该在什么地方，他明白自己开发的这套设备的价值。他不停地说服各级领导："给我个参评机会，让我试一试！"

事实证明，专家评委们是有慧眼的，他们一致认为罗昭强的这个发明是极其实用的。

2013年3月，中国北车科技创新最高奖项"科技成果奖"的获奖名单发布，由罗昭强主持研制的"CRH3型动车组调试操作技能实训装置"获奖。他成为第一位获得中国北车科技成果奖的技能工人。

不仅如此，该装置还顺利通过了吉林省工信厅的"新产品新技术鉴定"，获得4项国家发明专利、7项国家实用新型专利，并获得2014年中国机械工业科学技术奖。

另外，这套实训装置还被作为加分项，写入部分城铁车招标标书。

对此，罗昭强说："我就是要证明给工人兄弟们看，我们工人不只能干体力活，也能搞创新，也能跟技术员、专家站在一起去评奖。从我开始，大家都知道工人也能搞创新，工人搞的创新也能发挥很大作用，这就行了。"

因为有罗昭强"破冰"在前，加之他多年坚持不懈推进工人参评科技成果奖，从2020年开始，中国中车单独给工人设立了科技成果奖。从此以后，更多的工人也都可以理直气壮地参评科技成果奖了。

"找罗昭强"

罗昭强具有西门子全球自动化维护工程师资质，之前从事维修电工工作时就是全公司公认的"维修大拿"，是公司4 000多台（套）高精尖设备的"全科医生"。无论是转岗到高速动车组之前还是之后，公司但凡有棘手的设备故障，大家都会第一时间想到他。

"找罗昭强！"这是在中车长客机器设备发生故障时，所有人的第一反应。因此，各大中心设备部的领导干部和工友们都不约而同地把他的手机号存在手机里，因为大家有一个共识："只要罗昭强在，就没有解决不了的难题！"

有一次，罗昭强出差归来，下飞机已是凌晨2点多钟，他刚打开手机，一连串短信就蜂拥而至。原来，公司生产的时速200公里动车组内饰件的大型关键设备——400吨热复合数控液压机出现故障，设备液压系统是德国制造的，厂家派来的工程师也束手无

⊙ 2013年，罗昭强在电力车间维修电气设备

策，机器已经"趴窝"四天了。机器停工损失巨大，看见消息，罗昭强也急得不行，一下飞机就直奔单位，到了故障机器前，查看清楚故障。只见他沉着地打开电脑，对程序稍加改动，压机滑块立马就动了！从电脑开机算起，到成功排除故障，他总共用时不到15分钟！

守候在现场的工人见识了罗昭强的这番神操作，在短暂的目瞪口呆之后，爆发出一片惊呼：

"神了！"

"真牛！"

"又快又准，不愧是大师！"

罗昭强憨笑："我就是改了两个参数。"

还有一次，5746车在出厂前一小时，在重（chóng）联过程中出现全列中压接地的故障。此故障如果不能在走车前消除，就可能导致车辆运行的重大事故。怎么办？

"找罗昭强！"

面对全列数量庞大的暖通、牵引、主变、辅助变流器冷却系统、开水炉、伴热等中压负载设备，罗昭强冷静分析，立即通过技术手段将全列空调急停，通过控制4车、5车之间的耦合接触器，切除1车、3车牵引等紧急措施，迅速查找到4车ACU（辅助变流器）内部风扇接地，在出厂前10分钟排除了故障。

另一次，中车长客2台进口地板磨光机的组合开关损坏报废，如在欧洲采购，需耗时3个月、花费近万元，可时值CRH5型和谐号动车组的关键生产期，设备一刻都不能停。怎么办？

"找罗昭强！"

问题是，这台磨光机罗昭强从未见过，而且还没有原理图。看着大家焦急的眼神，罗昭强找到一个很大的库房，将2台磨光机全部拆卸开，各种零部件摆了满满一地，他一个件一个件地测试、研究。5个小时后，他开创性地用国产通用电器件替代进口件，将两个继电器巧妙组合，再加上一个转换开关，只用100块成本就成功解决了这个难题！

再有一次，有列动车在运行中过分相时出现"辅助变流器断开，无法自动恢复"的现象。这种故障在车辆静止时无法查找，怎么办？

公司领导再次点将："找罗昭强！"

经反复琢磨，罗昭强采用了模拟过分相的方式，从而成功揪出了"罪魁祸首"——原来，在20多个电压传感器中，有一个测量数值不准确，触发了辅助变流器的自动保护，更换该电压传感器后，故障一举解除。

2016年，用于CRH3型300km/h动车组调试的西门子SIMIT试验台因已使用多年，出现多台损坏的情况，影响到动车组调试进度。如果请外国专家坐飞机来修，需要按小时付钱，每小时费用高达2 000美元。要修好这12台设备，没有3万美元下不来。

设备部门又是灵光一闪，"找罗昭强！"

临危受命后，罗昭强带领工作室成员在一无资料、二无图纸的情况下，通过拆解和研究，利用掌握的工业控制计算机原理，成功摸索出一套维修方法，一口气修好了12台设备。设备部门得知后乐得合不拢嘴："先不说省了多少钱,单说咱这技术,就给咱中国人提了气!"

罗昭强的徒弟也记得他的诸多"高光"时刻:"就说前不久,有列车偶发中压对地故障,可能的原因有三四百种,所有人都摸不着头脑。紧急关头,师傅带我们前去救援。在分段测试过程中,保洁工开了一下车门,这个故障就突然闪现了,我师傅立即抓住这一蛛丝马迹,破案似的层层展开推理,最后断定是5车空调机组1号通风机低速出现故障。果不其然,问题迎刃而解!"

总之,在各类高速动车组的调试稳定性试验、疑难故障排除工作中,罗昭强凭借一身列车故障判断和逻辑分析的绝活,发挥了一名高技能人才的领军作用,率领着七十余人的技师团队,有力保障了动车组安全可靠地正线运行,还在技术创新、攻坚克难等方面屡立奇功,成为首屈一指的"高铁调试大师"。

第五章　桃李天下

技而优则师。在中车长客，几乎哪里都有罗昭强的学生；在国内高铁相关企业或学院，几乎都有因使用罗昭强研发的实训设备而受益的员工或学生。

自2005年参加中国北车职工岗位技能大赛一举夺魁后，罗昭强就名声在外、誉满业界。接下来几年，他又获得了更多的荣誉，受到了更多的肯定，肩负起了更多的责任。2010年，罗昭强劳模和工匠人才创新工作室建立，使命之一便是人才培养，他将三分之一的时间用在培养徒弟上，打破藩篱，跨工种、跨企业、跨国界带徒，不断创新带徒方式，为徒弟指明奋斗方向，拓展成长空间，只为引领更多的人才投身技能岗位，打造中国高铁人才高地，使中国高铁工人登上世界技能之巅。

跨界收徒

科学技术是生产力，技能人才也是生产力，而且是推动社会进步和经济发展的重要因素。当今世界，谁掌握了先进的科学技术并拥有大量技术娴熟的人才，谁就能生产出高科技含量、高质量的产品，走在世界前列。对企业而言，企业经营者、专业技术人员和技术工人是支撑企业发展的三大支柱，缺一不可。

在工作中，罗昭强发现了一个问题，就是很多工人在现场的执行能力、操作能力都比较强，但对动车组的核心技术掌握得还不够，这制约着他们继续成长。为了给国家、企业培育更多调试技能人才，罗昭强在开发出高铁调试工模拟实训设备之后，还主动请缨，依托自身技能，以及罗昭强劳模和工匠人才创新工作室，广募学员、开堂授课。

罗昭强劳模和工匠人才创新工作室自建立起，便肩负着非常重要的使命，发挥着极其重要的作用。

首先，是人才培养。它打造了"高铁工人讲师团""高徒班""微培训"等品牌，为国家培养了大批高铁人才。

其次，是勇于担当。它引领了更多的人才投身技能岗位，使高铁工人登上世界技能之巅，持续擦亮国家"金名片"。

再次，是技术创新。它有效提升了高铁员工的技能水平，开创了工人主持研发项目获得科技成果奖的先河，实现了蓝领工人参与科技研发的梦想，为中国第一代高铁工人树立了榜样。

"企业的进步、高铁的发展，需要大量技能人才来支撑，调试岗位技术含量高，涉及高铁各知识门类，所以，我把工作室作为人才孵化器对外开放，本着'有才者皆可来'的理念，开展了跨工种、跨企业、跨国界带徒。"罗昭强说。

说起来，罗昭强能够打破传统带徒藩篱，还得感谢公司工会。

原来，中车长客工会在一次调研中发现，公司内很多青工（青年工人）都是罗昭强的"超级粉丝"，渴望拜他为师，却又碍于部门之隔，只能徒叹奈何。于是工会在公司的职业技能大赛上特别举办了一场拜师会，帮这些青工达成了心愿，同时也为罗昭强"跨界带徒"打开了大门。

罗昭强中学时作文功底还不错,为把自己多年所学传授给慕名而来的年轻人,他决定亲自动手编写教材、制作课件。《维修电工技能进阶培训》《西门子自动化高徒班讲义》《动车组调试应用技能》……都是他自己编写的教材。尤其他撰写的32万字的《大国工匠工作法——动车组调试》,24万字的《轨道车辆制修工基本技能系列丛书》,在正式出版后,都成为业界非常受欢迎的"宝典"。

罗昭强职业技能超群,又能写教材又会讲课,可谓"能武能文",这种全能人才,实属难得。

除了在本公司各部门收徒,他在其他同行业公司中也收徒弟。他的微信群里,来自厂外的学员遍布全国各地30多家企业。

"在我看来,我一个人行,不是好现象;大家都行,才是真的行。"年少时罗昭强就是一个心底无私的人,"独乐乐"不如"众乐乐",他爱带着大家一起玩,小时候做各种小实验,如生物小实验、化学小实验、电工小实验什么的,都会叫上小伙伴一起,哪怕那些实验器材是他辛辛苦苦攒钱许久才买来的,他也会毫不犹豫地选择与大家共享探索科学的快乐。

如今,罗昭强劳模和工匠人才创新工作室规模越来越大,成员从成立之初的十人,增加至七八十人。工作室培养了众多人才,取得了许多成绩,也获得了诸多殊荣:2012年被授予"国家技能大师工作室"称号;2013年荣获"全国工人先锋号"称号;2016年荣获"长春市示范性劳模和工匠人才创新工作室"称号;

2018年荣获"吉林省示范性劳模和工匠人才创新工作室"称号，同年还被授予"中车金蓝领和劳模创新工作室"称号；2020年荣获"全国示范性劳模和工匠人才创新工作室"称号。

创意授徒

罗昭强研发设备有创意，在培养徒弟上，也动足了脑筋，工作室的培训方式层出不穷，创意十足，效果奇好。"传统培训方式枯燥、单一，结合青工喜好，我在不断创新培训方法，提升吸引力，增强趣味性，让青工有效学习，快乐学习，提升操作水平。"罗昭强说。

博导式教学，就是罗昭强带徒弟的创意之一。他说："师傅手把手教是低层次的。为给年轻人打造更好的上升通道，更好地开发其潜能，这几年，我也不断创新理念，采用了高校博导带学生的方法，通过带着徒弟一起做科技创新项目、写创新论文，去帮助他们成长。"工作室开创了"高技能人才定制化培养、模型化培育"的人才培养思路。目前，罗昭强已带领徒弟完成攻关项目45个，发表论文53篇。

另一个创意是模拟大赛。2018年，罗昭强模拟世界技能大赛的模式办了一期培训班，每周都考核淘汰一部分学员，从而更有效地激发了大家"赛、比、学"的劲头。他历时一个多月完成策划和框架搭建的擂台赛，一经演示，便"燃爆"全场。闯关打擂各显神通，密室逃脱惊险刺激，工人们一个个玩中学艺，玩中"比武"，比娱乐节目还欢乐，比游戏项目还过瘾。

罗昭强还有一个创意——充分利用互联网技术，搭建开放式学习平台。工作室采取"技能微培""微课堂""高徒班"等方法和形式，通过微信群无私分享经验，随时教、随时学、随时论、随时解，软件硬件时时创新升级，突破了教学的时间和空间限制。"微培训"让微信群随时随地成为学习解难的随身教练；"兴趣班"的知识通俗易懂，学员学完回去就能用……2020年，罗昭强又在"技能强国""全国产业工人学习社区""人社部技能大师在线培训平台"等国家级平台，累计授课53课时，受众2.3万人次。

更可贵的是，罗昭强还具有国际视野，他不仅自己努力学习英语，积极为轨道交通国际合作做准备，也有意把徒弟们培养成为国际化人才，因此高瞻远瞩地开展了"情景式英语教学"。"我挖掘出一个英语专业八级的宝贝徒弟，请她每天为核心团队上二十分钟英语课，并编了很多教学短片放在手机上分享给大家，我一有空闲也会带头溜溜英语。"他笑呵呵地说，"我希望我和徒弟们都能成为'国际化操作员工'。"

所谓名师出高徒，罗昭强本就是高铁调试领域的大师级人物，加之他的无私传帮带和创意教学方式，他带出来的徒弟不仅数量多，而且质量也高，很多徒弟已经成长为技术能手、创新好手。2017年中车职业技能大赛上，前五名获奖者除第三名外，都

⊙ 上图　2020年罗昭强参加"全国产业工人学习社区"直播活动
⊙ 下图　2022年罗昭强在长春市总工会直播间进行授课

是他的徒弟。

有一次，罗昭强问徒弟："在青岛港，吊车已经实现了全自动化。时代飞速发展，科技日益进步，企业纷纷转型，机器逐渐取代人工。你们有没有危机感，怕不怕被淘汰？"

徒弟们自信地回答："现在企业对劳动者的需求数量是少了，但对劳动者的质量要求越来越高了。时代淘汰的是重复劳动的工人，真正有智慧、有技术的工人是不会被淘汰的，因为创造性的劳动机器是从事不了的。我们跟着师傅您一直在创新、在进步，所以我们从不担心。"

打造一支技术高超、勇于创新的高端调试人才队伍，集众智汇众力，确保中国高铁这张"金名片"持续闪亮，是罗昭强孜孜以求的目标之一。截至目前，工作室已培养出10名全国技术能手、8名中央企业技术能手、11名吉林省首席技师、3名长春市技能竞赛状元、1名中国中车首席技能专家、7名中国中车资深专家、100余名高级技师……为高铁事业发展提供了强大的人才保证，在中车长客书写了一段佳话。

因材施教

2500多年前，中国著名的思想家、教育家、政治家孔子提出"有教无类"的思想，他招收学生不分阶级、不分地域、不分年龄、不分智愚，只要学生肯虚心向学，他一律对其悉心教育。虽然学生们的知识、资质、学习态度各不相同，但孔子因材施教，还是教出了"七十二贤人"。

在培养徒弟方面，罗昭强效仿古贤孔子，争做一个有教无类、诲人不倦的好老师，亦是识千里马的伯乐。因为这些年我国高铁事业迅猛发展，中车长客大量引进新人，新老员工之间技术水平有断档，怎么弥补这断档是当务之急。因此，在技术创新之外，罗昭强也承担着培训新人的重任。他目前有约三分之一的时间都花在培训带徒上。

罗昭强说："选择徒弟时，我会充分考虑梯队建设，并特意在人才薄弱的基层单位用'显微镜'去寻找青工中的'好苗子'，因材施教加以培养。"他采取"量体裁衣""分类塑造"的方法，为徒弟们设计了不同方向的职业生涯晋升渠道，让徒弟们各展所长、各尽其能。脑子活的，他就培养其进行软件开发；动手能力强的，他就培养其参加竞赛，使其向能工巧匠发展；适合服务现场的，他就培养其做现场服务工程师……

总之，"工作室最大的特色就是开放、包容，不设门槛，只要是有志于提高自己，想在工作中有所作为的都可以加入进来"。不管是看似毫无关系的专业，还是职业学校的学生，他皆来者不拒，倾囊相授。工作室就像大车店一样热闹，大家一同切磋技艺，交流经验，研究问题，常常半夜才散去。各类人才都能在不同的通道迅速成长，不挤不压不争，各展其才，百花齐放。

徒弟之一孙丽娜原本是长客客车制造中心的一名接线女工，她看到罗昭强工作室的品牌项目之一——技能微培训群发布的讲师招聘广告，就兴奋地报了名。虽然城铁专业和高铁专业不搭边，但看到她极其渴望突破的工作态度，能说会道的口才特长，罗昭强还是将其拉入了项目团队。在为员工培训的过程中，罗昭强对她精心指导培训，为她量身打造课程内容，每小时讲什么、用什么工具等，全都策划得明明白白。孙丽娜也没有辜负罗昭强的眼光和培养，教学成果大受好评，蜕变为让人赞不绝口的优秀讲师。原本只知在接线岗位闷头干活的她，前所未有地感受到了工作的价值和意义，还成功转到了高铁调试岗位，实现了人生的大跨越。

另一个徒弟尚大为原是普通技师，平时闷头干活，并不被人看好。罗昭强却看中他干事认真执着的特质，出人意料地收其为徒。加入工作室仅半年，尚大为就在各类竞赛中脱颖而出，还夺得全市大赛冠军，获长客"最佳能工巧匠"称号。更令人惊喜的是，这个原来的"闷葫芦"，沟通、组织能力提升也同样一日千里，他不仅成为项目负责人，还光荣入了党。

··········

这样的例子，不胜枚举。

"公司的人才培养战略用'望远镜'为员工指明了成长方向，工作室则是用'显微镜'在一线为公司发现人才，量身定制培训方式，因材施教培养人才。"罗昭强说。他喜欢放大青工们身上的优点，看重他们积极向上的精神和踏实肯干的品格，希望在工作室的平台上，让有理想、有特长的青年人都能开发潜力、多出成绩。

指引方向

一日为师，终身为父。罗昭强带徒弟不仅教技术，还对他们在生活上给予关照，在思想困扰时给予开解，在职业规划上给予指引。

罗昭强留意到，现在的年轻人是越来越聪明了，但刚入职时却不如前辈们干劲那么足。好多青工进公司以后，好像啥都无所谓，对什么都不在乎，消极懈怠，缺乏责任感、使命感，因而总在原地转圈，很难有更大的提升。这主要在于他们心理上并不认可当工人，认为当工人没出息。刚开始他们班组几个本科生都想走，觉得自己不该留在一线。

怎么办？"师者，所以传道受业解惑也。"作为师傅，罗昭强决心为徒弟们拨开迷雾、指引方向，让他们满怀信心、大步向前。

首先，罗昭强跟徒弟们分析大环境：21世纪，国家越来越重视技术工人了，你们赶上了好时代；轨道交通行业在当今时代的作用也日益凸显，正飞速发展，你们身在中车长客，有一个好平台。只要你们利用好时代和平台的红利，认可并热爱自己的工作，时刻想着自己与公司是休戚与共的，在自己的岗位上做出应有的贡献，那么公司也一定会成就你、回报你，让你拥有广阔的成长空间，这就叫"命运共同体"。

其次，罗昭强回顾自己的成长之路，榜样的力量是无穷的。自己这一路走来，离不开父亲、刘承民老师、蒋师傅等人的榜样作用。"我想用自己的力量，多开出些路，到天花板了，我再顶顶，让天花板更高一点儿，让年轻人看到榜样，看到希望。"他现身说法，激励徒弟们，"在技能岗位上，学历并不是最重要的，在岗位上的努力更为重要。师傅是技校出身，都能做到这样，你们更能做到；师傅能走到这样一个高度，你们更可以。"

再次，罗昭强鼓励徒弟要志存高远。"虽然你现在是一般专家，但你要按照资深专家的标准来行事，否则你都不把自己当资深专家，谁能来评你当资深专家？""人活一辈子，总得鼓捣出点动静来。哪怕一生中只做成一两件值得自己回味的事情，也比简单重复劳动强。要做到这一点，一要学会别躲活儿，自觉找活儿，没活儿创造活儿；二要主动学习，坚持学习，有方向地学习。活儿做多了，知识积累多了，你在事业上就能获得很大的发展和突破，你的人生就能走到新的高度。"

为了更有效地激励徒弟们，获了奖金，罗昭强分给徒弟们；有领奖机会，罗昭强借故不去，让徒弟们上台领奖，让他们也感受一番得奖的荣誉感，不断给他们正向刺激，让他们觉得工作有意义、有盼头，从而有了对自己岗位的认可，有了坚定往前走的决心。

罗昭强的教育方法十分有效。举个例子，他有个爱徒叫刘天宇，是个技术能手，脑子特别好使，排除故障常常不超过十分钟，人送外号"刘十分"。可由于做事全凭兴趣，看心情，高兴时使劲干，不高兴时"混不吝"，他始终没成长起来。病根在于，他觉得在工人岗位实现不了自身价值。2015年罗昭强转岗到调试组以后，一开始他不服，不愿意给罗昭强当徒弟。后来见识到了罗昭强的一身本领，他佩服不已，这才拜认师傅。罗昭强特别喜欢他，多次找他谈心，现身说法，用自己的成长经历鼓励他树立长远目标，在使命感、责任感等方面引导他。由于看到了在岗位上好好干的希望，刘天宇态度彻底改变，并后来居上，成功研发出了动车组智能诊断设备，当上了班长，并于2018年被评为长客特等劳动模范。

徒弟们没有辜负罗昭强的苦心，在很多项目中，他们已经是主力担当，实现了自己的人生价值。他们出去维护设备，特别自豪，干劲十足，为公司和行业做出了巨大的贡献。罗昭强为徒弟们感到十分欣慰和骄傲。

磁石作用

曾经有个技能大师工作室的负责人问罗昭强："你又没有行政级别，怎么能有这么多人愿意跟着你干？"

罗昭强略一思索，说："这不需要行政级别，你本身能够以技服人，以德聚人，给人引路，给人希望，成就他人，你就有了磁石作用，就会有许多人愿意跟着你干。"

虽然多年在基层做技术工人，但罗昭强有大胸襟、大气魄，所虑者深，所见者远，所谋者大。有一次中车长客搞会战，有个车间主任自己在那儿搞电焊，罗昭强就说："这种精神值得夸奖，但他不是一个好的主任，因为他解决的应该是谋划的事儿。不同的岗位有不同的职责，不同的职责要有不同的思维高度和处事方式。"

也有人好意提醒："都说'教会徒弟，饿死师傅'，你看你带徒弟什么时候都是毫无保留的，就没想过要留一手吗？就不怕徒弟超过你吗？"

罗昭强说："做师傅的若都想着留一手，只会让徒弟们一代不如一代，只有毫无保留地传授技艺，才能让徒弟们青出于蓝，更胜于蓝，一代更比一代强。我的徒弟超过我，那我才赢了呢，是不是？"

罗昭强认为，一个人的时间和精力是有限的，制造高铁，有这么多需要创新的地方，得靠团队，靠大家。"我为什么能做这么多事儿？因为我给徒弟们授课，带着他们做项目，他们得到了锻炼，从而成长起来了。所以我就是要培养更多的徒弟，把他们培养得更强，这样一来，他们都能成为我的左膀右臂，我才能脱离出来，想更多的事情，做更多的谋划；他们也有机会复制我、超越我，为公司、为国家做更多的事，这多好啊！"

徒弟们跟着罗昭强，个人价值能得到充分体现，成长空间能得到充分拓展。徒弟们知道，自己肩负国家使命，只要好好干，机会肯定会有，前途肯定光明。所以大家都想跟着他学习，要他带着他们干。比如说，做高铁调试工模拟实训设备这个项目时，他带的徒弟中，现在已经有一个和他一样是公司的首席技能专家了，成长得非常快。"这就是靠软实力来吸引人，而不是靠行政级别去命令人，活力是不一样的。"罗昭强说。

如今，罗昭强的徒弟已经遍布各个施工现场，他们都是生产一线的技术骨干。他的心愿是把更多的年轻人培养成具有爱岗敬业、精益求精精神的优秀技术工人，帮助他们在新时代的工程建设大舞台上施展才干、实现价值。

第六章　更上层楼

成为高铁行业的大师级人物之后，罗昭强并未止步，还在不断创新，不断学习，力争更上一层楼。他以"改革先锋""最美奋斗者"许振超、包起帆两位前辈为榜样，不断激励自己持续攀登科技高峰；他拜中国中车的首席科学家常振臣博士为师，师徒强强联手，开创了公司高技能人才与高学历人才结对攻关的先河。2016年，在老师常振臣博士的指导下，罗昭强研发了应用列车实时以太网技术的"中国标准动车组半实物仿真模拟系统"，站稳了这一新的技术高地。2019年，在包起帆老师的指导下，罗昭强的创新项目"高速列车整车调试环境模拟技术及应用"，荣获"国家科技进步奖"二等奖，他也因此被誉为"工人院士"。之后，他被推举为世界技能大赛和中华人民共和国第一届职业技能大赛轨道车辆技术项目的裁判长，为轨道车辆技术行业制定比赛规则，确立指导标准，培训参赛选手。

榜样引领

越是成熟的稻子，越会垂下稻穗；越是有能力的人，越懂得见贤思齐。

罗昭强童年的榜样是他的父亲，技校时的榜样是刘承民老师，刚进长客工作时的榜样是蒋学富师傅，后来，他一一超越了他们，自己成了行业内的大师级人物，成了他许许多多徒弟的榜样，成了中车长客万千员工的榜样。但他并未骄傲自满，就此止步，而是追慕前辈，砥砺前行。

在中国当下的产业界，有两位罗昭强特别崇拜钦佩、视为榜样的人物。

其一是许振超师傅。许振超是中华全国总工会的兼职副主席，获"改革先锋"称号、"最美奋斗者"称号，被誉为新时期产业工人的杰出代表。他原是青岛港集装箱公司的一名桥吊司机，参加工作以来，以"干就干一流，争就争第一"的精神，立足本职，苦练技术，务实创新。当了桥吊队长后，为了给公司节省请外国专家维修机器的费用，只有初中文化的他，刻苦自学多门学科，用了整整四年时间，研究无比复杂的电路模板和电路图纸，突破了外国厂家垄断的尖端技术，掌握了桥吊维修技术，后来又进一步做到"15分钟内排障"，累计为青岛港节约上千万元维修费。再后来，他又致力于提高装卸效率，创造集装箱装卸船世界纪录，让"振超效率"和青岛港一起扬名国际航运界。工作几十年来，他练就了"一钩准""一钩净""无声响操作"等绝活儿，还专门编写了操作要领，亲自培训骨干并在全队推广，带出了一支会干绝活又能创新的团队。许振超代表了当代中国工人的钻研与担当精神，成为一个时代的符号。

其二是包起帆教授。包起帆是工人发明家，是一名从码头工人成长起来的教授级高级工程师，被誉为"抓斗大王"。他长期在港口生产一线从事物流工程的研发工作，他的创新和发明都是紧紧围绕着码头装卸生产第一线的薄弱环节而进行的，哪里不安全，哪里效率低，哪里成本高，他和他的同事们就在哪里动脑筋、搞创新。他与同事们共同完成了130多个技术创新项目，累计为国家创造4亿多元的经济效益和显著的社会效益。2006年5月，在第95届巴黎国际发明博览会上，他获得4项金奖，成为105年来一次获得该展会奖项最多的人。如今已逾古稀之年，他还在不停地搞创新、搞研发。

罗昭强年轻的时候，许振超、包起帆的故事就激励着他，这两位老师在他心中都是神一样的存在，是他的人生导师。他努力地去接近他们，只为能面对面地跟偶像对话。

在罗昭强身上，从很多方面，都能看到这两位前辈大师的影子。

拜认名师

笛卡尔是17世纪法国的哲学家、物理学家、数学家，他好学、博学，但他却愈学愈觉得自己无知。

一次，有人问这位大学问家："你学问那么广博，竟然感叹自己无知，岂不是大笑话？"

笛卡尔说："哲学家芝诺不是解释过吗？他曾画了一个圆圈，圆圈内是已掌握的知识，圆圈外是浩瀚无边的未知世界。知识越多，圆圈越大，圆周自然也越长，这样它的边沿与外界空白接触的地方也越大，因此未知部分当然显得就更多了。"

罗昭强是一个勤于反思的人，总能及时自查，发现不足，努力补齐。他也是一个永不"知足"的人，一个对新知识、新事物始终保持着好奇心的人，一个爱质疑、爱创新、不断往上攀登的人。

进入调试团队以后，罗昭强在高铁领域的"圆圈"越画越大，正因如此，他明白，自己要想从一个好的技术工人提升为一名技能大师，一位行业引领者，他还要学习很多东西，还要探索更多的未知领域，加强"内功"。他渴望拜会名师，得到点拨，学习最前沿、最核心的知识。

常振臣博士就是罗昭强心中的名师。罗昭强跟中车长客的工会及人力部门的领导提出：想拜常振臣博士为师，跟常博士学习。

常振臣博士，何许人也？他是中国中车的首席科学家，中车长客的副总工程师，也是"列车网络控制系统"研发团队的领导者，即高速动车组的"中国脑"缔造者。他担纲主持的"CRH5型动车组列车网络控制系统研发项目"，让中国彻底拥有设计制造"高铁大脑"的能力。

常振臣毕业于培养中国汽车工业人才的摇篮——吉林大学汽车工程学院，2004年开始进入中车长客工作。彼时正值中车长客与法国阿尔斯通公司合作，引进时速200公里的CRH高速动车组。常振臣受命负责CRH5型动车组列车网络控制系统的消化吸收再创新工作，为我国列车网络控制系统自主攻关立下了汗马功劳。

随着"和谐号"驶入中国百姓的生活，全国铁路实施第六次大提速和新的列车运行图，中国高铁大规模生产的时代到来。常振臣和团队的视野扩展到整个中国：研究适合中国特殊地理环境需求的网络系统，逐个攻破技术难关，并开始投入试验。

可能很多人会嘀咕：科学家常博士肯收一名技术工人做徒弟吗？罗昭强可真敢想！

但谦逊随和的常博士，欣然同意了罗昭强的拜师请求。在工会及人力部门的牵线搭桥下，2015年，罗昭强与常振臣博士签订了师徒合同，罗昭强成为常博士唯一的工人弟子，开创了公司高技能人才与高学历人才结对攻关的先河。

重大装备制造，事关国家命脉、国家安全。在这个领域付出的人们，当得起"国家工程师"之名。他们专注的，是代表国家核心制造能力的大国重器；他们的事业，撑起了国民经济的脊梁。激烈的国际高铁技术竞赛，让常振臣、罗昭强等"国家工程师"们，不敢有一丝松懈。

结成师徒关系后，常振臣和罗昭强各自带领的团队以项目形式合作，强强联合。事实证明，科学家和技术工人这两支队伍的结合是双赢的，前者能给后者提供科学技术的指导，后者的实践经验也会给前者提供设计上的素材。

就像武侠小说里一个天资聪慧的少年，有缘得到了某位世外高人的指点，武功修为突飞猛进一样。在常博士的悉心指导下，罗昭强在专业领域又上了一个台阶。

2016年，在常振臣博士的带领与指导下，罗昭强立足世界最前沿信息技术，研发了应用列车实时以太网技术的"中国标准动车组半实物仿真模拟系统"，成为高技能人才和高学历人才"双高"对接的典范。工业以太网传输能力极为强大，是目前列车网络传输速度的1 000倍，将大大提高整个车辆信息的传输速度。这项成果对于中国高铁走向海外，延长产品价值链，具有重要意义。"这项技术在国外也是刚刚起步，希望在师傅的指导下，通过团队的共同努力，我国能尽快占领并站稳这一新的技术高地。"罗昭强说。

"工人院士"

"不想当将军的士兵不是好士兵，但是当不好士兵的士兵绝对当不好将军。"我们常用前半句话鼓励"士兵"要有抱负，有理想；但其实后半句话的勉励作用更重要，只有立足于自己的位置，干好自己的本职工作，不空怀抱负，而是脚踏实地地做事，才能从好"士兵"成长为好"将军"。

罗昭强是一个好"士兵"，也通过自己的努力，成长为一位好"将军"，但永不止步的他，还有更高的目标——当一名好"元帅"。

国家科学技术进步奖，是国务院设立的国家科学技术5大奖项之一。志存高远、敢想敢干、想当"元帅"的罗昭强，多年来一

⊙ 2019年，罗昭强参加国家科学技术奖励大会

直关注着这个奖，一直在为摘取这个奖而奋力拼搏。

终于，在2019年，罗昭强的创新项目"高速列车整车调试环境模拟技术及应用"，因为利用丰富的动车组网络、牵引、制动等调试经验和所擅长的列车故障判断和逻辑分析绝活，填补了该领域国内外技术空白，荣膺国家科学技术进步奖二等奖，是仅有的两项央企技术工人获奖成果之一，并取得了国际专利授权。

为申报国家科学技术进步奖，罗昭强准备了大半年，他自信一定能获奖。谁知在申报过程中，他受到了评委包起帆老师的狠狠批评——他申报材料写得太差。罗昭强回忆说，"批得我们是扶着墙出去的"，被勒令"今天马上改"。罗昭强感觉很受挫，这么多年他都走得很顺利，突然遇到一堵过不去的高墙，才认清自己还有很大的不足。他明白，这是包起帆老师对工作的严谨态度和对他的勉励爱护，所谓爱之深、责之切。包起帆老师不愧是行业泰斗，下了很大的功夫指导罗昭强，他按照包老师的建议一点一点重新改，最终如愿获奖。

但罗昭强并未因此而满足。"得国家科学技术进步奖二等奖的工人不少，有二十个左右了，至于有没有得一等奖的工人，据我所知，目前还没有。我就希望有朝一日，中国各个领域的工人，包括我们中车长客的工人，能站到一等奖的领奖台上，这就是我的目标。"

⊙ 2019年，罗昭强荣获国家科学技术进步奖载誉归来，与接站同事合影

世赛裁判

世界技能大赛是最高层级的世界性职业技能赛事，被誉为"世界技能奥林匹克"，代表了职业技能发展的世界先进水平，是当今世界地位最高、规模最大、影响力最强的职业技能赛事，每两年举办一次。

2010年，我国加入世界技能组织后，连续参加了2011年、2013年、2015年、2017年4届世界技能大赛，共取得20金15银15铜和41个优胜奖，充分展示出我国青年技能人才的精湛技艺和良好的精神风貌，在全社会引起了强烈反响，掀起了技能成就梦想和技能成长成才的热潮，向世界充分展现了"中国制造"的力量。

2018年6月中旬，第45届世界技能大赛全国预选赛在上海举行，罗昭强动员中车参加工业自动化项目的比赛，企业临时找了两个年轻人去参赛。大赛的规定是，企业只要有人参赛，就能出人当裁判员，罗昭强当了裁判员。进了赛场，他就虚心向裁判长请教学习，咨询考题怎么出、比赛怎么组织等问题，还摸清楚了世界大赛和我们国内平时的比赛有什么区别，总之，对世界技能大赛的规则、理念都进行了深入的学习。

了解到世界技能大赛所比拼的不仅是传统技术的极致应用，

也有高新科技的比试后，罗昭强突然有个想法：什么最能代表中国高新科技、代表中国制造呢？高铁是中国制造的代表之一。那高铁为啥不能作为轨道车辆制造技术的代表，进入世界技能大赛呢？他不服气，"总之，我就特别盼着我们行业的年轻人能站到世界技能大赛的领奖台上"。

有人说："你这个人想法太多，怎么啥都敢想呢？"

罗昭强想，人生离不开梦想。有了梦想，行动就有了方向，有了目标。被称为"世界航天第一人"的明朝初年的万户（后被朱元璋赐名"陶成道"），试验利用火箭飞天的时候，是不是异想天开？美国的莱特兄弟发明飞机的时候，是不是异想天开？没有那些异想天开的梦想家，没有他们敢于做梦且执着逐梦，人类世界怎么能一次次进步呢？

2019年8月22日，第45届世界技能大赛在俄罗斯喀山举行，我国组团首次参加全部56个项目的比赛，获得了16金14银5铜和17个优胜奖，位列金牌榜、奖牌榜、团体总分榜第一名。

罗昭强兴奋地想：机会来了！他先给中国中车领导发信息，获得支持后，又到人社部那边去聊，反复申请，一点点推进，最后成功使得轨道车辆技术作为新增的赛项加入世界技能大赛。"当然我知道，这是因为中国强大了，在国际上有了足够的话语权，中国的高铁技术被国际认可了。"他说。

新增赛项如愿了，轨道车辆技术将被列入第46届在上海举办的世界技能大赛项目，但是怎么比呢？怎么向世界展示我国轨道车辆技术的水平呢？人社部把这个赛项交给罗昭强，任命他为裁判长。作为裁判长，罗昭强不仅仅要去组织这次比赛，要去裁决赛事，还担任世界技能大赛轨道车辆技术中国专家组组长，担负起培养好国家队选手的重任。这个任务的另一个重要意义在于，它其实不只是制定一个新增赛项的比赛规则，还要制定未来几年我国轨道交通专业技能培训的指导性标准。

工作这么多年，罗昭强遇到的困难太多了。熬过长客的效益低迷期是困难的，克服其他厂的高薪诱惑是困难的，做出放弃转干的决定是困难的，但这些都只是小小的困难。研发高铁调试工模拟实训设备算是一个大困难，从维修电工组半道转岗到高速动车组更是困难的，编写教材也是困难的……但罗昭强觉得，这些困难都不如组织世界技能大赛轨道车辆技术赛项困难，因为这是从没有先例的开创性的事情。

从开始建立规则，到交付验收，时间很紧张，罗昭强带着他的助理，也是他的徒弟，两个人每天后半夜两点多钟才睡觉，因为时间不够用。师徒二人并肩奋战，所有的东西都是从零开始，他们付出了巨大的努力，耗费了无数心血。终于在2019年11月中旬，他们把文本的初稿写完了，然后找专家鉴定，再交给组委会审批，最终完成了任务。

"我们这个行业，本身就面临着各种挑战，随时都有新的挑战。"罗昭强说。组织世界技能大赛轨道车辆技术赛项，对他们师徒来说，不仅是对他们专业能力的一个巨大挑战，也是对他们身体素质的一个非常严峻的挑战。这项赛事有一个设备赞助商，那个生产厂家的地址在农村，罗昭强师徒二人就在农村的一个工

⊙ 上图　2021年，罗昭强（中间）在世赛国家实训基地辅导选手
⊙ 下图　2022年，罗昭强（左一）在郑州世赛基地辅导选手

棚里住了大约一个月，这个工棚离赛事设备最近，他们想什么时候干活儿就什么时候干活儿，想什么时候测量就什么时候测量，想什么时候验证就什么时候验证。

当时已经入冬，东北的冬天寒风凛冽，滴水成冰，他们每天住在工棚里，寒冷可想而知。如果住在城里，他们当然会舒适温暖很多，但那就需要每天早晚坐车往返。"路上得二十多分钟呢，耽误这二十多分钟我们都舍不得。"罗昭强说。

值得一提的是，2020年12月10日，中华人民共和国第一届职业技能大赛在广州广交会展馆拉开帷幕，罗昭强被推举为轨道车辆技术项目的裁判长，迎来了职业生涯中的又一次重大挑战。由于这是我国第一届职业技能大赛，也是史无前例的，作为裁判长，罗昭强不仅要组织比赛，要裁决比赛，更要为这个大赛项目定下未来5至10年的发展方向和技术标准，用这个标准去培训行业内的年轻人。为这个赛事，光是比赛的文件他就足足准备了15万字。

第七章　领先世界

　　高铁是"中国制造""中国速度"的代表之一，赢得了世界的一片赞誉，越来越多的国家开始向中国下订单，希望中国给它们修高速铁路，造高速列车的，其中也有美国。2017年，37名美国春田工厂的工人，远渡重洋前来中国拜罗昭强为师，学习高铁调试技能，实现了铁路制造技术的"百年轮回"。2018年底，罗昭强工作室的创新成果之一"美国波士顿地铁调试模拟实训装置"运抵美国春田工厂，开创了中国工人发明创造登陆发达国家市场的先河。与其他国家相比，中国高铁具有诸多明显优势。

美国徒弟

　　"我师傅门下弟子不仅来自本厂各个车间，来自同行企业，甚至还有金发碧眼的美国学员。"说起这，罗昭强的徒弟尚大为，眉宇之间满是"得遇名师"的兴奋与自豪。

　　2017年，37名美国春田工厂的工人，万里迢迢，远渡重洋，来到中国东北吉林长春，成为罗昭强的"洋徒弟"，学习高铁调试技能，实现了铁路制造技术的"百年轮回"。

　　回想一百多年前，为了救国报国，成为学有所用的人才，为国家做贡献，中国的知识分子竞相出国留学，形成一股大潮。1872年，第一批中国留美学童背负着沉重的责任，抵达美国旧金山，之后，孩子们乘坐让他们倍感好奇的蒸汽火车，横穿美洲大陆，到达美国东部马萨诸塞州。其中就有年仅11岁的詹天佑。

当时的世界，正在掀起一场工业革命风暴，而当时的美国，正是这场风暴的中心之一。这群中国学童，恰好被送到了历史变革的中心地带，他们在蒸汽机的轰鸣声中长大，日后成为中国矿业、铁路业、电报业的先驱。而其中的詹天佑，抵美之后，考入了耶鲁大学土木工程系铁路专科。回国后，他主持修建闻名遐迩的京张铁路，并在中国家喻户晓，名留青史。他是中国首位铁路总工程师，有"中国铁路之父""中国近代工程之父"之称。

一百多年后的今天，形势逆转。而最关键的逆转，就是中国这十几年高歌猛进、后来居上的高铁行业。其中包含了多少铁路科研人员和一线工人的心血智慧啊！黑土地与长白山见证着一代代铁路人的忠诚与奉献。

从1954年长春客车厂建立，2002年改制重组后的中车长客很快成为我国最大的铁路客车和城市轨道车辆的研发、制造和出口基地。生产的铁路客车覆盖全国所有的铁路局（集团公司）和地方铁路公司；生产的城轨车占国内城轨车用量的一多半，全国多个城市飞驰着的都是由中车长客制造的地铁及列车。国际市场同样业绩斐然，产品已出口到伊朗、巴西、澳大利亚、泰国、阿根廷、美国等许多国家，出口创汇数额巨大。

如今在中车长客巨大的组装车间里，动车组一字排开，如银龙卧海，似白练出岫；中国标准动车组、混合动力动车组、大容量地铁，场面震撼。许多外国面孔穿梭其间，让这个始建于1954年的老厂尽显"国际范儿"。

　　来自美国工厂的这些工人，都是他们所在工厂最优秀的工人。他们对中车长客的高铁制造实力惊讶不已。调试操作课程，他们跪着、趴着、站着学，其认真的态度、执着的精神丝毫不输中国工人。理论培训课程，他们提问超前，让罗昭强及其团队的教师们感受到了压力与挑战。像以往每次授课一样，给教师们讲课之前，罗昭强都要拿出一大段时间，把要讲的内容反复捋几遍，过几遍——哪里还有瑕疵，哪些内容还能进一步延伸，哪里还可以讲得更深入些，等等。罗昭强自己平时一直在有意识地学习英语，他团队中的其他几位授课教师也都经过英文培训，跟这些美国工人日常交流不成问题。至于技术交流，几位专职翻译会准确无误地对美国工人表达。

　　"我平时做事总是要比别人往前多想一点儿，早准备一点儿。比如说我早就想到我们的高铁会走出国门，与国际合作，因此有意把徒弟们培养成国际化人才。早前我就挖掘出一个英语专业八级的徒弟，请她每天为核心团队开展二十分钟的情景式英语教学，我一有空闲也会带头练练英语，这不果然就用到英语了。"罗昭强笑呵呵地说。

　　这批来自美国的工人，最喜欢罗昭强发明的调试技能实训装置，因为它能让一个新手在短时间内成为一名合格的调试工人，大大提高了学习效率。早在美国春田工厂开始建设前，前来长春考察的美方合作伙伴就对这台设备赞不绝口。一位美籍总经理说，要把设备照片贴在招聘海报上。他觉得，和国际竞争对手比，中车长客不仅技术先进可靠，还能提供维护、维修、保养等多元化服务，综合竞争优势明显。

罗昭强的这些洋徒弟，在长春中车长客进行技能培训，回国后成为美国春田工厂其他工人的老师，保证这家工厂在2018年顺利投产，实现了春田工厂生产制造能力由 0 到 1 的突破。

"美国制造业优势很强，工厂里机器人自动化操作程度高，我们要把双方的优势体系和技术融合。中国工人和美国工人也要互相学习、促进，大家共赢。"罗昭强说。

出口美国

网络上曾有个视频很火：

一位在中国旅行的瑞典小伙子，乘坐京沪高铁时录了一段9分钟的视频。视频中，他把硬币立在时速310公里的高铁车厢里的窗沿上，硬币稳稳站立长达9分钟不倒，甚至在即将到站减速时依旧立得相当稳，直到列车将要进站需要变换轨道时，硬币才倒下。一时间，中国高铁运行的平稳程度震惊国内外。

国际社会对中国高铁一片赞誉。英国媒体将高铁建设看作是中国正在开展新工业革命的标志。韩国媒体表述：坐上高铁，你能真切地感受到"中国速度"。越来越多的国家开始向中国下订单，希望中国给它们修高速铁路。

中国高铁，是高新科技领域的世界奇迹之一。

2014年10月下旬，美国马萨诸塞州交通局（MBTA）向中国北车采购284辆地铁车辆，装备波士顿红线和橙线地铁。这是中国轨道交通装备企业在美国面向全球的招标中首次胜出，登陆美国。这也是继中国北车2011年获得法国罐车的订单后，再次获得欧美发达国家的轨道交通装备整车订单。自此，中国北车的轨道交通装备实现了亚洲、欧洲、非洲、北美洲、南美洲、大洋洲等六大洲的覆盖。

2018年底，签约金额100万美元的"美国波士顿地铁调试模拟实训装置"运抵美国春田工厂，开创了中国工人的发明创造登陆发达国家市场的先河。该项目，正是罗昭强工作室的创新成果之一。

城市地铁造价不菲，工人们直接用真车进行操作培训太奢侈，有一套能为工人提供学习和训练的模拟装置意义不言而喻。而毫不谦虚地说，全世界目前能发明创造这个设备的，只有曾成功设计制造出"动车组列车调试模拟实训装置"的罗昭强工作室。

罗昭强工作室目前有核心成员86人，拥有各类顶尖人才，其中，高级技师23人，技师53人，光首席操作师就有3人，占公司首席操作师队伍的1/4。他们各有所长，各展神通，合作起来简直所向披靡，战无不胜。

美国工厂经理主动提出要购置并签单后，罗昭强工作室迅速投入设计制造。以往的模拟装置都会以真实存在的现车为蓝本，可当时，美国项目地铁还未投产，如何模拟一辆尚在设计中的列车成为工作室必须攻克的一大难题。

"我们想到了计算机三维仿真技术，大家各展所长，通力合作，用缩微仿真理念，创造真车状态和操作环境，确保每个环节的设计都来源于模拟现实需求。"罗昭强说。

罗昭强率团队将一辆地铁化整为零，拆分成若干模块，用计算机模拟出来。这些模块化的部件就像积木一样，可以按照设计要求，随意更换，这也带来了数倍于以往的难度和工作量。工作室从系统和算法开始，一步步自行研发，完成了核心控制软件、子系统控制软件、网络规划等核心技术研发，使模拟出的部件符合率高达95%。"它按照真实列车的概念加以提炼和升华，工人们用它学习和训练，不但能摸清车辆的构造、熟悉装配调试的技能，还能减少隐患、节约成本。"罗昭强说。

随后，他们又相继完成了IPS辅助供电系统、FBCU制动系统、TCU牵引系统等十余个系统的软件完全模拟，这些创新技术已经全部申请美国专利。

中国优势

从1905年詹天佑开始在京北群山中主持修建京张铁路，火车就成为中国有识之士强国梦的现实寄托。高铁，是新时代的火车。

罗昭强还记得，中国的高铁刚起步时，中车长客从外国引进了成套的调试设备，设备比车贵。他深知，技术和人才是核心竞争力，如果我们国家自己不能掌握技术，就只能一直受制于人。那时，他就给自己树立了一个目标："要研发出成套的和谐号动车组智能化、数字化调试技术，要在海外建厂，进行技术转让，也不光卖车，还卖调试设备，让国外的厂家用我们的这套技术生产高速动车组，让中国高速动车组走向世界。"

面对引进高铁初期国外调试设备的技术封锁，罗昭强工作室研制了具有自主知识产权的CRH5型车端部模拟器、CRH5型车网络INDI与USDR模拟器等动车组关键调试装备，打破了国外市场的垄断，将制造成本缩减为原来的1/10，将调试技术牢牢掌握在自己的手里。目前，已有540件成果在动车组调试工序中得到广泛应用，破除了生产瓶颈。

到2013年，中国的高铁运营总里程约占世界一半；到2018年，已占世界2/3，是当之无愧的世界第一。

罗昭强分析，我国是高速动车组领域的后来者，我国的主要竞争对手是德国、日本和法国。各国在技术层面上各有千秋，但较之其他国家，中国高铁具有几大明显优势：技术先进、安全可靠；价格低、性价比高；高速列车保有量世界最多；列车覆盖时速等级种类最全；动车组累计运营里程经验最丰富；施工成本、施工效率和交货能力方面更是具有绝对优势。

这是为什么呢？

一是因为高速动车组的生产在我国是由政府主导的，不以逐利为目的，而是以掌握核心技术为目的，口径一致，所以我们对外谈技术转让的时候不会退让。"复兴号"更是取各家之长，最好的性能都集中到了它身上。

二是其他国家虽然都有各自的优势技术，但我们的系统集成厉害，而且我们应用的场景多，在应用中我们逐步解决了高速动车组在诸如高寒、风沙、高湿、高温等各种环境下可能遇到的各种问题。

三是在与德国工匠、日本工匠的交流过程中，罗昭强发现，德国工匠、日本工匠虽然都很厉害，都能把手头的活儿做到极致，但他们都是自己谋生，自己在专业上有追求；而中国工匠的特质是胸怀报国梦想，这种大格局、高站位，是中国高铁能迅速崛起直至领跑的一个最重要原因。

罗昭强常说："小岗位连着大事业。就是说，分开来看，我们每个人的岗位都挺普通的，但是实际上，我们每个人的小岗位

⊙ 2020年，罗昭强参加全国劳动模范和先进工作者表彰大会

都连着中国高铁的大事业，连着国家的发展和命运。这种责任感、使命感和荣誉感，非常强烈地贯穿在我们这个群体里。"

中华民族伟大复兴是近代百年以来无数仁人志士的奋斗目标，也是今天十四亿中国人民的伟大梦想。在历史上，中国通过古丝绸之路曾经创造了令世界叹为观止的经济繁荣和文化昌盛。高铁将中国与外国连起来的路，就是升级版的现代丝绸之路。"高铁"将为中国在未来发展中提供全新的广阔空间，把中国的商品、产业、装备、文化和思想传播出去，助推中华民族伟大复兴！

第八章　匠心逐梦

　　罗昭强为什么能从中车长客一万多名工人中脱颖而出，从一名普通的维修电工，成长为"首席高铁调试大师"，为企业、为国家做出巨大的贡献呢？因为他"是个不像工人的工人"，深感使命在肩、时不我待，总是在学习提升，在追赶时间；因为他不仅会埋头干活，也会抬头看路；因为他拥有远远超出自己职责的高站位和全局观，拥有为他人谋福利的胸襟和推动时代进步的雄心；因为他永远保有好奇心与质疑精神，永远追求创新和接受挑战；因为他时时以"大国工匠"为奋斗目标，以"工匠精神"自我勉励，在实现中国梦的伟大征程中，努力展现中国工人的力量和作为，在平凡的岗位上干出了不平凡的事业。他是当之无愧的"全国劳模""工人院士""大国工匠"。

追赶时间

　　歌德曾说："志向和热爱是伟大行为的双翼。"高尔基曾说："天才是由于对事业的热爱而发展起来的，简直可以说，天才——就其本质而论——只不过是对事业、对工作的热爱而已。"

　　在中车长客，"工作狂老罗"无人不识——他连睡觉都在琢磨工作的事儿，琢磨行业往哪儿走；"老罗相对论"尽人皆知——把一天"掰"成两天过。

早上7点到单位，晚上7点回家吃饭，饭后先睡两小时，然后起来工作到凌晨三四点，然后再睡个"回笼觉"，早上6点准时起床，洗漱吃了早餐后7点到单位开始新一天的工作——这是"老罗"的日程表，日复一日，年复一年，他都是这么追赶时间的。"我这辈子最幸运的，是干了自己喜欢干的事情。"爱好和职业相统一，给了罗昭强无穷的动力，让他不知疲倦、乐在其中。

有幸身为我国第一代高铁技术工人中的一员，罗昭强深感使命在肩、时不我待。

高铁调试车间里，一列列动车组一字排开，一个个工人忙碌着。和谐号、复兴号；抗高寒、抗风沙；混合动力、可变轨距……这里，见证着中国高铁一步步走来。"把电脑打开""你们都过来""数据列出来"……罗昭强"连珠炮"一样布置工作。接着，他又调出京张智能"冬奥高铁"的调试数据，召集大家一起研讨。"走路快，吃饭快，说话快，高铁跑得快，他也跑得快。"妻子陶萍这样形容罗昭强。

没办法，作为高铁技能人才培训的负责人，他得继续写完轨道车辆技术规范教材；作为许多青工的师傅，他要为动车组操作逻辑培训备课；作为工人发明家，他得坚持创新，不断改进设备；作为国际国内几个重要的行业大赛的裁判，他要考虑如何完善比赛规则、制定培训标准……时间根本不够用，在公司忙完一天，下班回家后，罗昭强也总是"拉抻"着时间继续工作。

长年累月高强度的工作，让刚到知天命之年的罗昭强华发满头。但他的眼神中永远透着一股锐气，透着一种坚毅，他还在不

⊙ 2021年，罗昭强在党史展览馆与复兴号模型合影

断地迎接新的挑战，冲向新的高度。

由于一心扑在工作上，罗昭强根本不能顾家。有几次，头一天晚上飞机落地，他第二天一早又要飞走。家里的事都是妻子陶萍操心，她丝毫没有怨言，全心全意支持丈夫的工作。儿子也以爸爸为荣，爱画画的他小时候和爸爸一起参加文艺活动，就画过一幅名为"高铁腾飞 长客荣耀"的画，目前他在国外学工业设计，有志于追随爸爸的脚步。每晚与隔着千山万水的儿子发发信息，聊上几句，就是罗昭强夜间最好的休息。

让罗昭强深感欣慰的是，中车长客现在的生产任务达到饱和，所有的台位上都停满了车。他每天早上7点就到车间上班，有时会见到几个徒弟已经在那里了，便问："你们怎么来得这么早呢？"

他们说："师傅，我们不是来得早，是回去得晚，我们现在还没回去呢。"

罗昭强说，一进到高铁调试车间，工人们的使命感、责任感就会油然而生，就特别有干劲儿。一列列高铁在那儿停放着，就是一张张国家的"金名片"在那儿摆着。他自己是这样，徒弟们也是这样，公司所有员工都是这样。"我们是干什么的啊？我们就是打造'金名片'的啊！一个人，一辈子能参与这么光荣的工作，能不豪情万丈吗？能不干劲儿十足吗？能不全力以赴吗？"

在美国出差的时候，有一次徒弟不解地问罗昭强："美国的工人这么悠闲，咱们为啥要这么累？"

罗昭强说："咱们要是不这样干，能撵上他们吗？这是时代

⊙ 2021年，罗昭强参加建党百年活动归来与爱人陶萍合影

赋予咱们的使命。起步比别人晚了，咱们就得死命地追。别人走一步，咱们就得迈两步。咱们现在可以说是追上了，但是还不可以松懈啊，还得再往前跑远一点儿，这样咱们下面几代人才可以稍微悠闲一点儿啊。"

抬头看路

罗昭强经常关注中车长客最新的发展情况，近期的工作进展与成绩，将来的发展方向，等等。说起来，罗昭强自打年轻时就有这个意识与本领：在大家看着不留心、听着很普通或者认为与自己毫无关联的事情里捕捉到一些有用的信息点。他总结自己："我是个不像工人的工人。"

所谓"不像工人"，就在于罗昭强拥有远远超出自己职责的高站位和全局观，拥有开阔的视野和长远的考量，拥有统筹信息的能力和拨云见日的锐眼，拥有为他人谋福利的胸襟和推动时代进步的雄心。

思想高度决定人生高度。

罗昭强认为，新时代的工匠，首先得把国家、社会的发展阶段看明白，把企业、行业的发展阶段搞明白。如果不了解发展趋势，就算天天埋头苦干，也只是单向线性经验的积累，干不出"复兴号"来，远远满足不了新时代的需求。在埋头苦干的同时，得不忘抬头看路，得不停地创新，得把个人的发展跟国家、民族的发展绑在一起。

此外，新时代的工匠还要具备"向上管理能力"。所谓"向上管理能力"，就是和领导沟通的能力。就是一要知道公司需要什么，领导想要什么；二要勇于肩负重任，实现领导想要的；三是通过化解难题，让领导看到自己的能力。向上管理做不好，即使个人专业能力再出色，也不过是一颗优秀的螺丝钉，虽然也有用，但随时可能被替代。向上管理能力绝不是拍马屁。领导的职责和工作重点就在于统筹全局、把控整体，确定公司的发展方向、有的放矢、分清主次，将优质资源投放到最重要的部分。领导的需要就是公司发展的需要，以公司发展的需要作为自己努力的方向，公司这个平台才能为自己的成长助力。

再者，一个人要想真正成长起来，要到达远方，还要在"抬头看路"之后，主动、提早、广博地学习相关领域知识，而不是需要用到什么才被动地去学什么，"书到用时方恨少"，那就晚了。应该追着发展趋势去学习，凭着兴趣爱好去学习，打开视野去学习。这是深扎根的过程，"磨刀不误砍柴工"，这样并不是浪费精力和时间，反而会促进你的专业能力得到更好的发展。"就像我本专业是研究电气的，但我绝不能就停留在电气的层面上，思路一定要开阔，要试着将别的思路植入电气工作。只有有方向、有目标地提升自己，不断加强自己的核心竞争力，以不变的努力应万变的未来，才能抓住不期而遇的机遇，取得成功。"

有一句话说得很好："没规划的人生叫拼图，有规划的人生

⊙ 2020年，罗昭强参加全国劳动模范和先进工作者表彰大会

叫蓝图；没目标的人生叫流浪，有目标的人生叫航行！"正因为罗昭强既肯埋头干活，又会抬头看路，他才能从一个普通平凡的维修电工，成长为一名"工人院士""全国劳动模范""首席高铁调试大师"。

坚持创新

罗昭强率领工作室团队用创新的脚步丈量脚下每一寸土地，用执着与坚守为"产业报国，勇于创新，为中国梦提速"的高铁工人精神写下了生动的注脚。

2013年，罗昭强开创了蓝领工人主持的研发项目获中国北车科技成果奖的先河。

2019年，他的创新项目"高速列车整车调试环境模拟技术及应用"，荣获国家科学技术进步奖二等奖，并取得国际专利授权，已申报发明专利16项。"这一发明能再现真车的各种功能，模拟各类运行故障，不仅大大降低了使用价值上亿元的高铁真车来培训调试新人的风险，而且可提升培训效率5倍、提升调试工序效率20%。"

当前，罗昭强还在率队全力推进"智能化高铁调试系统"的研发。他说："不能总跟着跑，要学会领跑。中国高铁已经实现领先领跑，所以我们已经没有可以借鉴的技术了，我们面前已经没有路了，唯有靠创新开出一条路。"

创新，是罗昭强持之以恒追求的目标；而坚持，为他在创新的舞台上纵情腾跃，提供了强劲撑杆。创新与坚持，缺一不可，相辅相成。

"如果问我成功的秘诀是什么，那就是坚持。如果敢想敢干却不坚持，或者一味坚持不懂创新，都得不到想要的结果。"罗昭强说。

有徒弟问罗昭强："师傅，您看我干了这么久也没成功，您有啥诀窍吗？"

罗昭强勉励徒弟："坚持，继续坚持，我就是靠着这个信念一路坚持过来的。比如说设备坏了，第一个人去查，用了半个小时，没查到原因，走了；换一个人去查，又查了四十分钟，还是搞不定，又走了；但如果是我去，我一定会比他们再多坚持找十分钟，这样就可能找到解决问题的方法。就像爬山，登顶的就那么几个人，所以说坚持是很重要的，是成功的法宝，我要做的是咬牙比别人多坚持一会儿。"

罗昭强又说："但坚持是辛苦的。我真不希望现在的年轻人像我一样，要经历十五年这么漫长的时间才能看到希望，所以我也在帮助他们尽快地成长起来。"

有好多同事看到罗昭强工作室里有那么多的奖牌，看到他获得各种荣誉，特别是获得全国劳动模范称号，都说："罗师傅，你这就足够了，可以了，还用得着这么拼吗？"

但是罗昭强不这么想，"再多的奖牌和荣誉都只能代表过

⊙ 2021年"七一"前，罗昭强进行首列智能版"复兴号"动车组调试

去，它们不能代表我的现在，更不代表我的将来。科技发展日新月异，没有进步就是退步，所以我的目标是没有终点的，未来还有很多很多的工作和任务要完成呢。"

罗昭强有时候甚至觉得，人的一生太短暂了，要做的事情实在是太多了，时间太不够用了，如果能"向天再借五百年"就好了。

坚持奋斗，坚持创新。这些年来，罗昭强平均每年都有十七八项创新成果，为此，他记不清有多少个夜晚在工作室通宵达旦地鏖战。"坚持与创新的过程虽然辛苦，但每当看到自己的创新成果能为企业破解难题、为中国高铁创造价值，比给我任何奖励都开心。"罗昭强的话，发自肺腑。

因为坚持与创新，罗昭强得以在自己热爱的行业里一飞冲天；因为坚持与创新，他技能高超、成果显著，荣获了"全国五一劳动奖章""全国职工职业道德建设先进个人""中国中车高铁工匠""全国技术能手""2018年度感动交通十大年度人物""中国中车首席技能专家""吉林工匠""吉林省技能大奖""长白山技能名师""吉林省特等劳动模范""吉林省劳动模范""十大最具影响力长春工匠"等称号，并享受国务院政府特殊津贴。他领衔的工作室成为"国家技能大师工作室"，并于2014年荣获"全国工人先锋号"。因摘得第十三届"中华技能大奖"，他被誉为"工人院士"。

2015年7月17日，习近平总书记视察中车长客高铁基地，罗昭强作为中国高铁工人的优秀代表之一，受到了习近平总书记的亲切接见。习近平总书记指出，高铁动车体现了中国装备制造业水平，在"走出去""一带一路"建设方面也是"抢手货"。

现在，罗昭强正率领团队研发最新一代"复兴号"高速动车组模拟实训系统，将代表中国中车参加素有"轨道交通奥运会"之称的柏林轨道交通展，再一次站在国际最高舞台上向世界展示中国高铁工人技术创新的独特魅力。

"大国工匠"

回顾自己的职业生涯，罗昭强感慨万分。他认为，自己之所以能取得今天的成绩，能够为企业和国家做出一点儿贡献，有几个至关重要的因素：

一是他站在了国家发展高铁的时代风口。"我们这一代人赶上了国家发展、科技进步、工业革新的好机遇，因而有了展示才能的舞台和成就梦想的空间。"罗昭强说。一个人的成长如果脱离了时代的大背景，那他就是无源之水、无本之木。"身处这个伟大的新时代，我和工友们会竭尽所能，报效祖国，服务人民，在实现中国梦的伟大征程中努力展现中国工人的力量和作为。"

二是国家对技术工人越来越重视，逐步提高了技能工人的社会待遇、政治待遇和经济待遇，给予技能工人充足的获得感、荣誉感和成就感，工人的积极性、主动性和创造性被激发出来了。

在不远的将来，将会有越来越多的专业技工凭借自己的技能，成为被羡慕和尊敬的对象，国家的发展也有了坚实的人才支撑和保障。

三是他遇到了好的企业和好的领导。罗昭强认为，一个人绝对不能脱离企业的平台来谈个人的成长，两者之间一定是相辅相成的。中车长客的企业氛围特别好，整个团队有一股拼搏向上的力量，领导能够慧眼识人，充分尊重每个员工的个人价值，注重发挥员工潜能，鼓励员工成长。

"时代给我提供了创新的机遇，国家给我提供了创新的动力，企业给我提供了创新的平台，剩下的就靠自己的努力了。所以我这个人是不信命的，我就信抓住机遇，依托平台，坚持奋斗，实现价值。"

现在我们常提一个词——"大国工匠"，常倡导一种精神——"工匠精神"。罗昭强认为，在这个科学技术日新月异的新时代，作为一名技术工人，要以"大国工匠"为奋斗目标，要以"工匠精神"自我勉励，不光要吃苦耐劳、埋头干活、爱岗敬业，还要懂技术、精技能、会创新，要不断学习、不断探索、不断钻研。"'工匠精神'实质上就是一种负责任的精神，只有坚持对国家负责、对企业负责、对社会负责、对人民负责，才能真正做到从思想和行动上践行'工匠精神'。具体到我自己身上，就是要干好高铁调试每一道工序、每一个环节、每一个细节，带好每一个徒弟，精益求精，不断创新，把全部智慧都用在创造最好业绩、打造优质工程上。"

⊙ 上图 2017年，罗昭强解决"复兴号"CR400BF动车组调试疑难问题
⊙ 下图 2021年，罗昭强与即将出厂的冬奥版动车组合影

不管是包起帆、许振超、常振臣，还是中车长客获得过"全国劳动模范"殊荣的谢元立、李万君、罗昭强等，他们都满怀激情，以强烈的使命感和时不我待的责任感，全身心地投入工作，从自己的本职工作出发，乐于奉献，勤于创新，不懈追求，锐意进取，勇闯前路，勇立潮头，勇攀高峰，随着国家强盛、企业发展而逐步成长起来，为企业增效，为职工造福，为国家增光。

从绿皮车到"子弹头"，从"和谐号"到"复兴号"，从"中国制造"到"中国创造"，中国高铁实现了跨越式的发展。这种跨越的背后，离不开一个又一个罗昭强这样的高技能人才的默默付出与努力坚持。所以罗昭强经常说："工人既是劳动者，也应该是创造者，提高中国高铁的质量和速度，需要所有高铁工人的努力和智慧。在中华民族伟大复兴的路上，我们每个人都要力争在平凡的岗位上干出不平凡的业绩，因为我们每个人都是'中国梦'的奋斗者、追逐者。"

对于中国高铁的未来，罗昭强充满期待与信心。产业报国、勇于创新、为中国梦提速，他一直在路上。

结 束 语

目前，中国已成为世界上高速铁路发展最快、系统技术最全、集成能力最强、运营里程最长、运行时速最高、在建规模最大的国家，中国高铁引领着世界高铁发展的新潮流。起步至今短短二十年，中国高铁代表的"中国速度""中国制造""中国创造"让国人为之自豪，让世界为之惊叹。

罗昭强——中车长春轨道客车股份有限公司高速动车组制造中心首席操作师，中国高铁"金名片"的打造者之一，中国第一代高铁工人的榜样，新时代中国产业工人的优秀代表。

追溯罗昭强的成长之路：

他子承父业，在身为长春客车厂工程师的父亲的引领下，从小就对轨道车辆技术耳濡目染，对工业的神奇由衷赞叹；

他兴趣广泛，少年时就喜欢动手动脑，喜欢做各种实验，喜欢科学探索，并乐于与小伙伴分享这种快乐；

他好学上进，是技校毕业的优等生，有着对技术操作由衷的热爱和扎实的功底，不懈追求职业技能的更高峰；

他志存高远，在初入职场遇到挫折后，就暗下决心奋起直追，广泛涉猎，自学成才；

他爱岗敬业，把一天"掰"成两天过，在平凡岗位上默默坚守，孜孜以求；

他内心坚定，放弃跳槽和转干的机会，安心坚守技术一线，终于迎来了中国轨道客车产业的黄金时代和技术工人的春天；

他厚积薄发，在中国北车职工岗位技能大赛上一举夺魁，跻身"国宝级"技工行列；

他敢为人先，研发出高速动车组调试工培训设备，实现了蓝领工人参与科技研发的梦想，成为第一位获得中国北车科技成果奖的技能工人；

他勇于突破，不惑之年大跨度改行，主动转到高铁调试岗位，后来居上，功夫大成；

他坚持创新，主持研发的"高速列车整车调试环境模拟技术及应用"项目，达到了世界先进水平，填补了国内外空白；

他再攀高峰，带领创新团队完成了"和谐号""复兴号"和京张智能动车组的调试任务，有力保障了重点车型顺利上线运行；

他广收徒弟，紧紧依托工作室，在公司内外广泛开展技能传承、创新成果孵化，因材施教，为国家培养了大批高铁人才；

他创意十足，创造性地采用高校博士生导师培养学生的方法，带着徒弟一起写论文、做项目，科研成果丰硕；

他见贤思齐，以"改革先锋""最美奋斗者"许振超、包起帆为榜样，为企业、为国家贡献心血与才智；

他拜认名师，与常振臣博士师徒之间强强联手，在职业道路上不断精进，更上层楼，屡立新功；

他心怀国家，成功推进轨道车辆技术作为新增的赛项加入世界技能大赛，并承担起中国专家组组长的重任，用心培养国家队选手；

他为国争光，研制出的"美国波士顿地铁模拟调试装置"，开创了中国工人的发明创造登陆发达国家市场的先河；

他匠心逐梦，以"工匠精神"自我勉励，以"大国工匠"为奋斗目标，在实现中国梦的伟大征程中努力展现中国工人的力量和作为；

……

罗昭强，他是工人，也是发明家；是蓝领，也是大师；是学徒，也是师傅；是千里马，也是伯乐；是榜样，也是旗帜……生逢盛世，完整经历了中国高铁从无到有、从落后到领先、从追赶者到领跑者的跨越式发展，罗昭强感觉自己很幸运。

在"两个一百年"交汇的重要历史节点，在我国全面深化改革战略发展的机遇期，无数如罗昭强一样的蓝领技术力量、高端技能人才，无数以罗昭强为代表的新时代"大国工匠""劳动模范"，坚定地投身中国高铁事业，以爱岗敬业、苦干实干的奋斗精神，以主动变革、勇于创新的不懈追求，以成就自我、报效国家的朴素初心，走出了新时代高端装备制造的突破之路，走出了新时代中国产业工人的成长之路，为我国工业人才队伍"新蓝海"奏响了时代强音，为实现中华民族伟大复兴的中国梦贡献了智慧和力量。

附　录

让中国高铁"金名片"更加闪亮
——在（2021年）全国"两优一先"代表座谈会上的发言

罗昭强

尊敬的各位领导、同志们：

我叫罗昭强，是中车长客股份公司的高铁调试工人。在中国共产党成立100周年这个永载史册的时刻，亲耳聆听习近平总书记发表的重要讲话，并受到党中央的表彰，感到无比光荣、备受鼓舞、干劲倍增，这更加坚定了我投身中国高铁事业、打造中国制造亮丽名片、持续领先领跑的信心和决心。下面，汇报三点体会和感悟：

一、牢记"不忘初心、继续前进"的伟大号召，走出新时代中国产业工人的奋斗之路

中国共产党迎来百年华诞。100年来，我们党从小到大、由弱变强，带领中国人民历经千难万险，创造了一个又一个彪炳史册的人间奇迹。站在两个一百年交汇的重要历史节点，我很幸运，见证了党和国家事业取得的历史性成就、发生的历史性变革，更亲历了中国铁路特别是中国高铁的跨越式发展。

生逢盛世，此生无悔！

回想起自己在中车从业三十多年来的成长经历，近二十年的党内历练，感慨万千。百年中车传承红色基因、赓续红色血脉，一代代中车人践行"产业报国，勇于创新，为中国梦提速"的高铁工人精神，在党和国家的亲切关怀和大力支持下，引进、消化、吸收、再创新，终于实现了中国高铁从追赶到超越的蜕变。

1990年从技校毕业被分配到原长春客车厂成为维修电工的我，完整经历了中国高铁从无到有、从落后到领先的全过程。正是中国高铁的跨越式发展为我们这些高铁人快速成长提供了舞台。在这个舞台上，我光荣地成为一名共产党员，获得"全国优秀共产党员"这一至高荣誉；在这个舞台上，我一步一个脚印，成为四千多台（套）高精尖设备的"全科医生"；在这个舞台上，我主持研发了高铁模拟实训装置，成为一名新时代的"高铁医生"，并获得了"全国劳动模范""国家科技进步二等奖""中华技能大奖"等荣誉。

二、牢记"打造中国制造'金名片'"的谆谆重托，走出新时代中国高铁领先领跑的创新之路

2015年7月17日，习近平总书记到我们长客公司视察时指出，高铁动车体现了中国装备制造业水平，在"走出去""一带一路"建设方面也是"抢手货"，是一张亮丽的名片。我和其他工友受到了总书记的亲切接见，总书记的嘱托时刻激励着我们。

2015年11月，我主动请缨到高铁调试岗位工作。几年来，带领党员创新团队完成了"和谐号""复兴号"和京张智能动车组的调试试验任务，有力保障了重点车型顺利上线运行。2018年，我们用了很短的时间把两千多张图纸全部吃透，研制出"美国波士顿地铁模拟调试装置"，让中国工人的发明创造登陆发达国家市场。2019年，我主持研发的"高速列车整车调试环境模拟技术及应用"项目获得"国家科技进步奖"二等奖，达到了世界先进水平，填补了国内外空白。

现在，我们要向总书记、向党中央报告，在中国高铁人的不懈努力下，我们实现了"复兴号"顺利下线并达速运营，使中国成为高铁商业运营速度最快的国家；世界首列无人驾驶京张智能高铁开通运营，实现了轨道车辆技术的"百年轮回"；时速400公里可变轨距互联互通高铁问世，实现了从追赶者到领跑者的跨越。就在6月25日，我们全新打造的智能版"复兴号"高铁列车在京沪、京广、京沈实现首发，完成了引进、消化、吸收、再创新到自主创新，向党中央交上了优异的答卷！

三、牢记"坚决打赢关键核心技术攻坚战"的殷切期望，走出新时代高端装备制造的突破之路

2021年5月，习近平总书记出席全国两院院士大会并发表重要讲话，强调要加快建设科技强国，实现高水平科技自立自强。作为新时代的产业工人，我将沿着总书记指引的方向，为提升我国制造品质、加快国际一流建设贡献自己的力量。

要敢于担当、主动作为、勇于突破。紧紧依托"国家技能大师工作室""全国示范性劳模和工匠人才创新工作室"，广泛开展企业内外和国内外技能传承、创新成果孵化，承担起世界技能大赛轨道车辆技术中国专家组组长的重任，培养好国家队选手。在2022年上海第46届世界技能大赛的最高领奖台上，一定会出现中国选手的身影，向世界展示中国轨道车辆技术的独特魅力和绝对实力。

要对标一流、争创一流、成就一流。时刻牢记共产党员的初心使命和价值追求，发挥"螺丝钉"作用，加速中国高铁更快、更安全、更绿色环保的进程，加快形成一套具有自主知识产权的高铁数字化调试技术，促进中国高铁智能化发展，更好地服务中国高铁"走出去"的步伐，引领带动中国制造4.0发展。

荣誉只能代表过去。我将时刻铭记新时代产业工人的使命，深入学习贯彻习近平总书记在庆祝中国共产党成立100周年大会上的重要讲话精神，秉持"大国工匠"精神，守好高铁出厂前最后一道关口，为中国高铁持续领先领跑、为"金名片"持续闪亮，为实现中华民族伟大复兴的中国梦而努力奋斗！

谢谢大家！